Der Taschenkatechismus

T0014960

Der Taschenkatechismus

Basistexte evangelischen Glaubens

EVANGELISCHE VERLAGSANSTALT
Leipzig

Die Bonhoeffer-Texte wurden mit freundlicher Genehmigung des Gütersloher Verlagshauses abgedruckt aus:
Dietrich Bonhoeffer: Widerstand und Ergebung
© Chr. Kaiser/Gütersloher Verlagshaus GmbH, Gütersloh.

Die Deutsche Bibliothek – Bibliographische Informationen
Die Deutsche Bibliothek verzeichnet diese Publikation in der Deutschen Nationalbibliographie; detaillierte biblio - graphische Daten sind im Internet über <http://dnb.ddb.de> abrufbar.

2. Auflage 2009
© 2004 by Evangelische Verlagsanstalt GmbH, Leipzig
Printed in Germany · H 6891
Alle Rechte vorbehalten
Umschlag: behnelux gestaltung, Halle/Saale
Satz: Evangelische Verlagsanstalt GmbH, Leipzig
Druck und Binden: CPI – Clausen & Bosse, Leck

ISBN 978-3-374- 02166-6
www.eva-leipzig.de

»Seid allezeit bereit zur Verantwortung vor jedermann, der von euch Rechenschaft fordert über die Hoffnung, die in euch ist.«

1Petr 3,15

Ich wurde getauft am ....

in ....

Mein Taufspruch:

Ich wurde konfirmiert am ....

in ....

Mein Konfirmationsspruch:

Vorwort

Der Taschenkatechismus erschien in der Evangelischen Verlagsanstalt erstmals 1950 unter dem Titel »Unser Glaube«. In der nun vorliegenden völligen Neubearbeitung vereint er in bewährter und handlicher Form die wichtigsten Texte evangelischen Glaubens: Basistexte – angefangen vom Apostolischen Glaubensbekenntnis über Martin Luthers Kleinen Katechismus und den Heidelberger Katechismus bis hin zur Theologischen Erklärung von Barmen und der Leuenberger Konkordie. Damit kann er in allen evangelischen Kirchen eingesetzt werden, gleich ob es sich um lutherische, reformierte oder unierte Kirchen handelt.

Neben alten Glaubenszeugnissen wie Psalmen und biblischen Sprüchen finden sich neue Gebete und Texte. Darüber hinaus enthält der Taschenkatechismus eine Übersicht über das Kirchenjahr, über den Aufbau der Bibel sowie reformationsgeschichtliche Grunddaten. Zudem benennt und erklärt er in knapper Form die Unterschiede zwischen den evangelischen Kirchen und der römisch-katholischen Kirche.

Der Taschenkatechismus ist hervorragende Hilfe zur Vorbereitung auf die Konfirmation oder die Erwachsenentaufe und kann darüber hinaus von Pfarrern und Pfarrerinnen sowie Religionslehrern und Religionslehrerinnen vielfältig eingesetzt werden.

Wir danken Professor Ulrich Kühn, Professor Udo Schnelle und Heiko Jadatz für ihre Mitarbeit.

I. Bekenntnisse

BEKENNTNISSE DER ALTEN KIRCHE

Das Apostolische Glaubensbekenntnis (Apostolicum)

Das Apostolische Glaubensbekenntnis soll der Tradition nach von den zwölf Aposteln stammen, hat seine jetzige Form aber erst im späten 4. Jahrhundert im heutigen Italien (Rom/Mailand) erhalten.
Es hat drei Teile: Der erste Teil handelt von Gott, dem Vater, der zweite Teil von Gott, dem Sohn, der dritte Teil von Gott, dem Heiligen Geist. Wenn man das Apostolische Glaubensbekenntnis spricht, bekennt man sich somit zu dem dreieinigen (trinitarischen) Gott.
Außerdem enthält das Bekenntnis Aussagen zur allgemeinen Kirche und zum Leben in der Welt Gottes. Es endet wie ein Gebet mit »Amen«, was übersetzt »das ist wahr« heißt.
Das Apostolische Glaubensbekenntnis ist das wichtigste Bekenntnis in den evangelischen Kirchen und wird in fast jedem Gottesdienst gesprochen.

Ich glaube an Gott,
den Vater, den Allmächtigen,
den Schöpfer des Himmels und der Erde.

Und an Jesus Christus,
seinen eingeborenen Sohn, unsern Herrn,
empfangen durch den Heiligen Geist,
geboren von der Jungfrau Maria,

gelitten unter Pontius Pilatus,
gekreuzigt, gestorben und begraben,
hinabgestiegen in das Reich des Todes,
am dritten Tage auferstanden von den Toten,
aufgefahren in den Himmel; er sitzt zur Rechten
Gottes,
des allmächtigen Vaters;
von dort wird er kommen,
zu richten die Lebenden und die Toten.

Ich glaube an den Heiligen Geist,
die heilige christliche Kirche,
Gemeinschaft der Heiligen,
Vergebung der Sünden,
Auferstehung der Toten
und das ewige Leben.
Amen.

*Das Glaubensbekenntnis von Nizäa-Konstantinopel
(Nicäno-Konstantinopolitanum)*

*Das Glaubensbekenntnis von Nizäa-Konstantinopel
ist auf der ökumenischen Synode von Chalcedon (451
n. Chr.) beschlossen worden und nimmt die Vorlagen
der ökumenischen Synoden von Nizäa (325 n. Chr.)
und Konstantinopel (381 n. Chr.) auf.
Es ist das einzige wirklich ökumenische Bekenntnis,
weil es bis heute von allen Christen auf der Welt als
Zeugnis ihres Glaubens in der jeweiligen Landessprache
gesprochen wird.*

Das Glaubensbekenntnis von Nizäa-Konstantinopel ähnelt dem Apostolischen Glaubensbekenntnis in Inhalt und Form: Der dreieinige Gott wird in den drei Teilen des Bekenntnisses bekannt. Allerdings werden hier Vater, Sohn und Heiliger Geist sowie die Kirche und das Leben in der Welt Gottes ausführlicher beschrieben.
Das Glaubensbekenntnis von Nizäa-Konstantinopel wird in der evangelischen Kirche bei den Festgottesdiensten an hohen Feiertagen (Christfest, Ostern, Pfingsten, Trinitatis) und bei ökumenischen Gottesdiensten gesprochen.

Wir glauben an den einen Gott,
den Vater, den Allmächtigen,
der alles geschaffen hat,
Himmel und Erde,
die sichtbare und die unsichtbare Welt.

Und an den einen Herrn Jesus Christus,
Gottes eingeborenen Sohn,
aus dem Vater geboren vor aller Zeit:
Gott von Gott, Licht vom Licht,
wahrer Gott vom wahren Gott,
gezeugt, nicht geschaffen,
eines Wesens mit dem Vater;
durch ihn ist alles geschaffen.
Für uns Menschen und zu unserm Heil
ist er vom Himmel gekommen,
hat Fleisch angenommen

durch den Heiligen Geist
von der Jungfrau Maria
und ist Mensch geworden.
Er wurde für uns gekreuzigt unter Pontius Pilatus,
hat gelitten und ist begraben worden,
ist am dritten Tage auferstanden nach der Schrift
und aufgefahren in den Himmel.
Er sitzt zur Rechten des Vaters
und wird wiederkommen in Herrlichkeit,
zu richten die Lebenden und die Toten;
seiner Herrschaft wird kein Ende sein.

Wir glauben an den Heiligen Geist,
der Herr ist und lebendig macht,
der aus dem Vater und dem Sohn hervorgeht,
der mit dem Vater und dem Sohn
angebetet und verherrlicht wird,
der gesprochen hat durch die Propheten,
und die eine, heilige, allgemeine und apostolische
Kirche.
Wir bekennen die eine Taufe zur Vergebung der
Sünden.
Wir erwarten die Auferstehung der Toten
und das Leben der kommenden Welt.
Amen.

BEKENNTNISSE AUS DER REFORMATIONSZEIT

Der Kleine Katechismus Doktor Martin Luthers

Martin Luthers Kleiner Katechismus erschien erstmalig 1529 als Büchlein für die Pfarrer, damit sie ihre Gemeinden in der neuen evangelischen Lehre unterweisen konnten. Katechismus heißt übersetzt Lehrbuch.

In Frage-Antwort-Form stellt Martin Luther die für den christlichen Glauben wichtigsten Texte in fünf Hauptstücken zusammen. In wenigen Kernsätzen erklärt er die zehn Gebote, das Apostolische Glaubensbekenntnis, das Vaterunser, die Taufe, das Abendmahl. Später kam noch das Stück »Vom Amt der Schlüssel und von der Beichte« hinzu.

Neben dem Kleinen Katechismus gibt es noch den Großen Katechismus. Er ist ein Predigtbuch, in dem Martin Luther die neuen Glaubenserkenntnisse umfassend darlegt.

Das erste Hauptstück – Die zehn Gebote

Das erste Gebot Ich bin der Herr, dein Gott. Du sollst nicht andere Götter haben neben mir.
Was ist das? Wir sollen Gott über alle Dinge fürchten, lieben und vertrauen.

Das zweite Gebot Du sollst den Namen des Herrn, deines Gottes, nicht unnütz gebrauchen; denn der Herr wird den nicht ungestraft lassen, der seinen Namen missbraucht.

Was ist das? Wir sollen Gott fürchten und lieben, dass wir bei seinem Namen nicht fluchen, schwören, zaubern, lügen oder trügen, sondern ihn in allen Nöten anrufen, beten, loben und danken.

Das dritte Gebot Du sollst den Feiertag heiligen.
Was ist das? Wir sollen Gott fürchten und lieben, dass wir die Predigt und sein Wort nicht verachten, sondern es heilig halten, gerne hören und lernen.

Das vierte Gebot Du sollst deinen Vater und deine Mutter ehren, auf dass dir's wohlgehe und du lange lebest auf Erden.
Was ist das? Wir sollen Gott fürchten und lieben, dass wir unsere Eltern und Herren nicht verachten noch erzürnen, sondern sie in Ehren halten, ihnen dienen, gehorchen, sie lieb und wert haben.

Das fünfte Gebot Du sollst nicht töten.
Was ist das? Wir sollen Gott fürchten und lieben, dass wir unserem Nächsten an seinem Leibe keinen Schaden noch Leid tun, sondern ihm helfen und beistehen in allen Nöten.

Das sechste Gebot Du sollst nicht ehebrechen.
Was ist das? Wir sollen Gott fürchten und lieben, dass wir keusch und zuchtvoll leben in Worten und Werken und in der Ehe einander lieben und ehren.

Das siebente Gebot Du sollst nicht stehlen.

Was ist das? Wir sollen Gott fürchten und lieben, dass wir unsers Nächsten Geld oder Gut nicht nehmen noch mit falscher Ware oder Handel an uns bringen, sondern ihm sein Gut und Nahrung helfen bessern und behüten

Das achte Gebot Du sollst nicht falsch Zeugnis reden wider deinen Nächsten.
Was ist das? Wir sollen Gott fürchten und lieben, dass wir unsern Nächsten nicht belügen, verraten, verleumden oder seinen Ruf verderben, sondern sollen ihn entschuldigen, Gutes von ihm reden und alles zum besten kehren.

Das neunte Gebot Du sollst nicht begehren deines Nächsten Haus.
Was ist das? Wir sollen Gott fürchten und lieben, dass wir unserm Nächsten nicht mit List nach seinem Erbe oder Hause trachten und mit einem Schein des Rechts an uns bringen, sondern ihm dasselbe zu behalten förderlich und dienlich sein.

Das zehnte Gebot Du sollst nicht begehren deines Nächsten Weib, Knecht, Magd, Vieh noch alles, was sein ist.
Was ist das? Wir sollen Gott fürchten und lieben, dass wir unserm Nächsten nicht seine Frau, Gehilfen oder Vieh ausspannen, abwerben oder abspenstig machen, sondern dieselben anhalten, dass sie bleiben und tun, was sie schuldig sind.

Was sagt nun Gott zu diesen Geboten allen? Ersagt so: Ich, der Herr, dein Gott, bin ein eifernder Gott, der an denen, die mich hassen, die Sünde der Väter heimsucht bis zu den Kindern im dritten und vierten Glied; aber denen, die mich lieben und meine Gebote halten, tue ich wohl bis in tausend Glied.

Was ist das? Gott droht zu strafen alle, die diese Gebote übertreten; darum sollen wir uns fürchten vor seinem Zorn und nicht gegen seine Gebote handeln. Er verheißt aber Gnade und alles Gute allen, die diese Gebote halten; darum sollen wir ihn auch lieben und vertrauen und gerne tun nach seinen Geboten.

Das zweite Hauptstück – Der Glaube

Der erste Artikel – Von der Schöpfung – Ich glaube an Gott, den Vater, den Allmächtigen, den Schöpfer des Himmels und der Erde.

Was ist das? Ich glaube, dass mich Gott geschaffen hat samt allen Kreaturen, mir Leib und Seele, Augen, Ohren und alle Glieder, Vernunft und alle Sinne gegeben hat und noch erhält; dazu Kleider und Schuh, Essen und Trinken, Haus und Hof, Weib und Kind, Acker, Vieh und alle Güter; mit allem, was Not tut für Leib und Leben, mich reichlich und täglich versorgt, in allen Gefahren beschirmt und vor allem Übel behütet und bewahrt; und das alles aus lauter väterlicher, göttlicher Güte und Barmherzigkeit, ohn all mein Verdienst und Würdigkeit: für all das ich ihm zu danken und zu loben und dafür zu dienen und gehorsam zu sein schuldig bin. Das ist gewisslich wahr.

Der zweite Artikel. – Von der Erlösung – Und an Jesus Christus, seinen eingeborenen Sohn, unsern Herrn, empfangen durch den Heiligen Geist, geboren von der Jungfrau Maria, gelitten unter Pontius Pilatus, gekreuzigt, gestorben und begraben, hinabgestiegen in das Reich des Todes, am dritten Tage auferstanden von den Toten, aufgefahren in den Himmel; er sitzt zur Rechten Gottes, des allmächtigen Vaters; von dort wird er kommen, zu richten die Lebenden und die Toten.
Was ist das? Ich glaube, dass Jesus Christus, wahrer Gott vom Vater in Ewigkeit geboren und auch wahrhaftiger Mensch von der Jungfrau Maria geboren, sei mein Herr, der mich verlorenen und verdammten Menschen erlöst hat, erworben, gewonnen von allen Sünden, vom Tode und von der Gewalt des Teufels; nicht mit Gold oder Silber, sondern mit seinem heiligen, teuren Blut und mit seinem unschuldigen Leiden und Sterben; damit ich sein eigen sei und in seinem Reich unter ihm lebe und ihm diene in ewiger Gerechtigkeit, Unschuld und Seligkeit, gleichwie er ist auferstanden vom Tode, lebet und regieret in Ewigkeit. Das ist gewisslich wahr.

Der dritte Artikel – Von der Heiligung – Ich glaube an den Heiligen Geist, die heilige christliche Kirche, Gemeinschaft der Heiligen, Vergebung der Sünden, Auferstehung der Toten und das ewige Leben. Amen.

Was ist das? Ich glaube, dass ich nicht aus eigener Vernunft noch Kraft an Jesus Christus, meinen Herrn, glauben oder zu ihm kommen kann; sondern der Heilige Geist hat mich durch das Evangelium berufen, mit seinen Gaben erleuchtet, im rechten Glauben geheiligt und erhalten; gleichwie er die ganze Christenheit auf Erden beruft, sammelt, erleuchtet, heiligt und bei Jesus Christus erhält im rechten, einigen Glauben; in welcher Christenheit er mir und allen Gläubigen täglich alle Sünden reichlich vergibt und am Jüngsten Tage mich und alle Toten auferwecken wird und mir samt allen Gläubigen in Christus ein ewiges Leben geben wird. Das ist gewisslich wahr.

Das dritte Hauptstück – Das Vaterunser

Die Anrede Vater unser ist im Himmel.
Was ist das? Gott will uns damit locken, dass wir glauben sollen, er sei unser rechter Vater und wir seine rechten Kinder, damit wir getrost und mit aller Zuversicht ihn bitten sollen wie die lieben Kinder ihren lieben Vater.

Die erste Bitte Geheiligt werde dein Name.
Was ist das? Gottes Name ist zwar an sich selbst heilig; aber wir bitten in diesem Gebet, dass er auch bei uns heilig werde.
Wie geschieht das? Wo das Wort Gottes lauter und rein gelehrt wird und wir auch heilig, als die Kinder

Gottes, danach leben. Dazu hilf uns, lieber Vater im Himmel! Wer aber anders lehrt und lebt, als das Wort Gottes lehrt, der entheiligt unter uns den Namen Gottes. Davor behüte uns, himmlischer Vater!

Die zweite Bitte Dein Reich komme.
Was ist das? Gottes Reich kommt auch ohne unser Gebet von selbst; aber wir bitten in diesem Gebet, dass es auch zu uns komme.
Wie geschieht das? Wenn der himmlische Vater uns seinen Heiligen Geist gibt, dass wir seinem heiligen Wort durch seine Gnade glauben und danach leben, hier zeitlich und dort ewiglich.

Die dritte Bitte Dein Wille geschehe, wie im Himmel, so auf Erden.
Was ist das? Gottes guter, gnädiger Wille geschieht auch ohne unser Gebet; aber wir bitten in diesem Gebet, dass er auch bei uns geschehe.
Wie geschieht das? Wenn Gott allen bösen Rat und Willen bricht und hindert, die uns den Namen Gottes nicht heiligen und sein Reich nicht kommen lassen wollen, wie der Teufel, die Welt und unsres Fleisches Wille; sondern stärkt und behält uns fest in seinem Wort und Glauben bis an unser Ende. Das ist sein gnädiger, guter Wille.

Die vierte Bitte Unser tägliches Brot gib uns heute.
Was ist das? Gott gibt das tägliche Brot, auch ohne unsere Bitte, allen bösen Menschen; aber wir bitten in

diesem Gebet, dass er's uns erkennen lasse und wir mit Danksagung empfangen unser tägliches Brot.

Was heißt denn tägliches Brot? Alles, was Not tut für Leib und Leben, wie Essen, Trinken, Kleider, Schuh, Haus, Hof, Acker, Vieh, Geld, Gut, fromme Eheleute, fromme Kinder, fromme Gehilfen, fromme und getreue Oberherren, gut Wetter, Friede, Gesundheit, Zucht, Ehre, gute Freunde, getreue Nachbarn und desgleichen.

Die fünfte Bitte Und vergib uns unsere Schuld, wie auch wir vergeben unsern Schuldigern.

Was ist das? Wir bitten in diesem Gebet, dass der Vater im Himmel nicht ansehen wolle unsere Sünden und um ihretwillen solche Bitten nicht versagen; denn wir sind dessen nicht wert, was wir bitten, haben's auch nicht verdient; sondern er wolle uns alles aus Gnaden geben, obwohl wir täglich viel sündigen und nichts als Strafe verdienen. So wollen wir wiederum auch herzlich vergeben und gerne wohl tun denen, die sich an uns versündigen.

Die sechste Bitte Und führe uns nicht in Versuchung.

Was ist das? Gott versucht zwar niemand; aber wir bitten in diesem Gebet, dass uns Gott behüte und erhalte, damit uns der Teufel, die Welt und unser Fleisch nicht betrüge und verführe in Missglauben, Verzweiflung und andere große Schande und Laster; und wenn wir damit angefochten würden, dass wir doch endlich gewinnen und den Sieg behalten.

Die siebente Bitte Sondern erlöse uns von dem Bösen.
Was ist das? Wir bitten in diesem Gebet, dass uns der Vater im Himmel vom Bösen und allem Übel an Leib und Seele, Gut und Ehre erlöse und zuletzt, wenn unser Stündlein kommt, ein seliges Ende beschere und mit Gnaden von diesem Jammertal zu sich nehme in den Himmel.

Der Beschluss Denn dein ist das Reich und die Kraft und die Herrlichkeit in Ewigkeit. Amen.
Was heißt Amen? Dass ich soll gewiss sein, solche Bitten sind dem Vater im Himmel angenehm und werden erhört. Denn er selbst hat uns geboten, so zu beten, und verheißen, dass er uns erhören will.
Amen, Amen, das heißt: Ja, ja, so soll es geschehen.

Das vierte Hauptstück – Das Sakrament der heiligen Taufe

Zum Ersten
Was ist die Taufe? Die Taufe ist nicht allein schlicht Wasser, sondern sie ist das Wasser in Gottes Gebot gefasst und mit Gottes Wort verbunden.
Welches ist denn dies Wort Gottes? Unser Herr Christus spricht bei Matthäus im letzten Kapitel:
Gehet hin in alle Welt und machet zu Jüngern alle Völker: taufet sie auf den Namen des Vaters und des Sohnes und des Heiligen Geistes.

Zum Zweiten
Was gibt oder nützt die Taufe? Sie wirkt Vergebung der Sünden, erlöst vom Tode und Teufel und gibt ewige Seligkeit allen, die es glauben, wie die Worte und Verheißung Gottes lauten.
Welches sind denn solche Worte und Verheißung Gottes? Unser Herr Christus spricht bei Markus im letzten Kapitel: Wer da glaubt und getauft wird, der wird selig werden; wer aber nicht glaubt, der wird verdammt werden.

Zum Dritten
Wie kann Wasser solch große Dinge tun? Wasser tut's freilich nicht, sondern das Wort Gottes, das mit und bei dem Wasser ist, und der Glaube, der solchem Worte Gottes im Wasser traut. Denn ohne Gottes Wort ist das Wasser schlicht Wasser und keine Taufe; aber mit dem Worte Gottes ist's eine Taufe, das ist ein gnadenreiches Wasser des Lebens und ein Bad der neuen Geburt im Heiligen Geist; wie Paulus sagt zu Titus im dritten Kapitel: Gott macht uns selig durch das Bad der Wiedergeburt und Erneuerung im Heiligen Geist, den er über uns reichlich ausgegossen hat durch Jesus Christus, unsern Heiland, damit wir, durch dessen Gnade gerecht geworden, Erben des ewigen Lebens würden nach unsrer Hoffnung. Das ist gewisslich wahr.

Zum Vierten
Was bedeutet denn solch Wassertaufen? Es bedeutet,
dass der alte Adam in uns durch tägliche Reue und
Buße soll ersäuft werden und sterben mit allen Sün-
den und bösen Lüsten; und wiederum täglich heraus-
kommen und auferstehen ein neuer Mensch, der in
Gerechtigkeit und Reinheit vor Gott ewiglich lebe.
Wo steht das geschrieben? Der Apostel Paulus spricht
zu den Römern im sechsten Kapitel: Wir sind mit
Christus begraben durch die Taufe in den Tod, damit,
wie Christus auferweckt ist von den Toten durch die
Herrlichkeit des Vaters, auch wir in einem neuen
Leben wandeln.

Das fünfte Hauptstück – Das Sakrament das Altars
oder das Heilige Abendmahl

Zum Ersten
Was ist das Sakrament des Altars? Es ist der wahre
Leib und Blut unsers Herrn Jesus Christus, unter
dem Brot und Wein uns Christen zu essen und zu
trinken von Christus selbst eingesetzt.
Wo steht das geschrieben? So schreiben die heiligen
Evangelisten Matthäus, Markus, Lukas und der Apostel Paulus: Unser Herr Jesus Christus, in der Nacht,
da er verraten ward, nahm er das Brot, dankte und
brach's und gab's seinen Jüngern und sprach: Nehmet hin und esset: Das ist mein Leib, der für euch
gegeben wird; solches tut zu meinem Gedächtnis.

Desgleichen nahm er auch den Kelch nach dem Abendmahl, dankte und gab ihnen den und sprach: Nehmet hin und trinket alle daraus: Dieser Kelch ist das neue Testament in meinem Blut, das für euch vergossen wird zur Vergebung der Sünden; solches tut, so oft ihr's trinket, zu meinem Gedächtnis.

Zum Zweiten
Was nützt denn solch Essen und Trinken? Das zeigen uns diese Worte: Für euch gegeben und vergossen zur Vergebung der Sünden; nämlich, dass uns im Sakrament Vergebung der Sünden, Leben und Seligkeit durch solche Worte gegeben wird; denn wo Vergebung der Sünden ist, da ist auch Leben und Seligkeit.

Zum Dritten
Wie kann leiblich Essen und Trinken solch große Dinge tun? Essen und Trinken tut's freilich nicht, sondern die Worte, die da stehen: Für euch gegeben und vergossen zur Vergebung der Sünden.
Diese Worte sind neben dem leiblichen Essen und Trinken das Hauptstück im Sakrament. Und wer diesen Worten glaubt, der hat, was sie sagen und wie sie lauten: Vergebung der Sünden.

Zum Vierten
Wer empfängt denn dieses Sakrament würdig? Fasten und leiblich sich bereiten ist zwar eine feine äußerliche Zucht; aber der ist recht würdig und wohl ge-

schickt, wer den Glauben hat an diese Worte: Für euch gegeben und vergossen zur Vergebung der Sünden. Wer aber diesen Worten nicht glaubt oder zweifelt, der ist unwürdig und ungeschickt; denn das Wort *Für euch* fordert nichts als gläubige Herzen.

Vom Amt der Schlüssel und von der Beichte
(Das Stück von Beichte und Vergebung findet sich ursprünglich nicht im Kleinen Katechismus, geht aber zum Teil auf Martin Luther zurück.)
Was ist das Amt der Schlüssel? Es ist die besondere Gewalt, die Christus seiner Kirche auf Erden gegeben hat, den bußfertigen Sündern die Sünden zu vergeben, den unbußfertigen aber die Sünden zu behalten, solange sie nicht Buße tun.
Wo steht das geschrieben? Unser Herr Jesus Christus spricht bei Matthäus im sechzehnten Kapitel zu Petrus: Ich will dir des Himmelreichs Schlüssel geben: alles, was du auf Erden binden wirst, soll auch im Himmel gebunden sein, und alles, was du auf Erden lösen wirst, soll auch im Himmel gelöst sein.
Desgleichen spricht er zu seinen Jüngern bei Johannes im zwanzigsten Kapitel: Nehmet hin den Heiligen Geist! Welchen ihr die Sünden erlasset, denen sind sie erlassen; und welchen ihr sie behaltet, denen sind sie behalten.
Was ist die Beichte? Die Beichte begreift zwei Stücke in sich: eins, dass man die Sünden bekenne, das andere, dass man die Absolution oder Vergebung vom Beichtiger (Person, die die Beichte hört) empfange

als von Gott selbst und ja nicht daran zweifle, sondern fest glaube, die Sünden seien dadurch vergeben vor Gott im Himmel.

Welche Sünden soll man denn beichten? Vor Gott soll man sich aller Sünden schuldig bekennen, auch die wir nicht erkennen, wie wir im Vaterunser tun. Aber vor dem Beichtiger sollen wir allein die Sünden bekennen, die wir wissen und fühlen im Herzen.

Welche sind die? Da siehe deinen Stand an nach den zehn Geboten, ob du Vater, Mutter, Sohn, Tochter bist, in welchem Beruf und Dienst du siehst: ob du ungehorsam, untreu, unfleißig, zornig, zuchtlos, streitsüchtig gewesen bist, ob du jemand Leid getan hast mit Worten oder Werken, ob du gestohlen, etwas versäumt oder Schaden getan hast.

Wie bekennst du deine Sünden vor dem Beichtiger? So kannst du zu dem Beichtiger sprechen: Ich bitte, meine Beichte zu hören und mir die Vergebung zuzusprechen um Gottes willen. Hierauf bekenne dich vor Gott aller Sünden schuldig und sprich vor dem Beichtiger aus, was als besondere Sünde und Schuld auf dir liegt.

Deine Beichte kannst du mit den Worten schließen: Das alles ist mir leid. Ich bitte um Gnade. Ich will mich bessern.

Wie geschieht die Lossprechung (Absolution)? Der Beichtiger spricht: Gott sei dir gnädig und stärke deinen Glauben. Amen. Glaubst du auch, dass meine Vergebung Gottes Vergebung ist?

Antwort: Ja, das glaube ich.

Darauf spricht er: Wie du glaubst, so geschehe dir. Und ich, auf Befehl unseres Herrn Jesus Christus, vergebe dir deine Sünden im Namen des Vaters und des Sohnes und des Heiligen Geistes. Amen.
Gehe hin in Frieden!
Welche aber im Gewissen sehr beschwert oder betrübt und angefochten sind, die wird der Beichtvater wohl mit mehr Worten der Heiligen Schrift zu trösten wissen und zum Glauben reizen. Dies soll nur *eine* Weise dar Beichte sein.

Das Augsburger Bekenntnis
(Confessio Augustana; 1. Teil)

Auf dem Reichstag zu Augsburg im Jahre 1530 konnten die evangelischen Landesherren und Städte ihren Glauben vor dem katholischen Kaiser und Vertretern des Reiches darlegen. Philipp Melanchthon, der theologische Führer der Evangelischen auf dem Reichstag, fasste die evangelischen Glaubensüberzeugungen in einer Verteidigungsschrift zusammen, welche dann von vielen evangelisch Gesinnten unterschrieben wurde. Am 25. Juni 1530 wurde dem deutschen Kaiser Karl V. eine lateinische und eine deutsche Fassung überreicht.
Das Augsburger Bekenntnis hat zwei Teile: Der erste Teil fasst in den Artikeln 1 bis 21 die rechte evangelische Lehre gemäß der Heiligen Schrift zusammen. Der zweite Teil behandelt in den Artikeln 22 bis 28 Regelungen in der Kirche, die die Reformation als Miss-

bräuche erkannt und dem Evangelium gemäß neu geordnet hat.
Das Augsburger Bekenntnis ist eine verbindliche Bekenntnisschrift in allen lutherischen Kirchen.

Artikel des Glaubens und der Lehre

Artikel 1 – Von Gott – Zuerst wird einträchtig laut Beschluss des Konzils von Nizäa gelehrt und festgehalten, dass ein einziges göttliches Wesen sei, das Gott genannt wird und wahrhaftig Gott ist, und dass doch drei Personen in diesem einen göttlichen Wesen sind, alle drei gleich mächtig, gleich ewig: Gott Vater, Gott Sohn, Gott Heiliger Geist. Alle drei sind *ein* göttliches Wesen, ewig, unteilbar, unendlich, von unermesslicher Macht, Weisheit und Güte, ein Schöpfer und Erhalter aller sichtbaren und unsichtbaren Dinge. Unter dem Wort »Person« wird nicht ein Teil, nicht eine Eigenschaft an einem anderen Sein verstanden, sondern etwas, was in sich selbst besteht (selbständig ist), so wie die Kirchenväter in dieser Sache dieses Wort gebraucht haben.
Deshalb werden alle Irrlehren verworfen, die diesem Artikel widersprechen. (Hier werden wie an entsprechenden Stellen in den Artikeln 2, 5, 8, 9, 12, 16, 17 und 18 Beispiele von Irrlehren aus der Alten Kirche oder der Reformationszeit genannt, auf die sich die Verwerfungen beziehen. Diese Verurteilungen wollen das Evangelium vor Entstellungen bewahren, richten

sich aber nicht gegen den persönlichen Glauben bestimmter Menschen.)

Artikel 2 – Von der Erbsünde – Weiter wird bei uns gelehrt, dass nach Adams Fall alle natürlich geborenen Menschen in Sünde empfangen und geboren werden, das heißt, dass sie alle von Mutterleib an voll böser Lust und Neigung sind und von Natur keine wahre Gottesfurcht, keinen wahren Glauben an Gott haben können, ferner dass auch diese angeborene Seuche und Erbsünde wirklich Sünde ist und daher alle die unter den ewigen Gotteszorn verdammt, die nicht durch die Taufe und den Heiligen Geist wieder neu geboren werden.
Damit werden die verworfen, die die Erbsünde nicht für eine Sünde halten, damit sie die Natur fromm machen durch natürliche Kräfte, in Verachtung des Leidens und Verdienstes Christi.

Artikel 3 – Vom Sohn Gottes – Ebenso wird gelehrt, dass Gott, der Sohn, Mensch geworden ist, geboren aus der reinen Jungfrau Maria, und dass die zwei Naturen, die göttliche und die menschliche, also in *einer* Person untrennbar vereinigt, *ein* Christus sind, der wahrer Gott und wahrer Mensch ist, wahrhaftig geboren, gelitten, gekreuzigt, gestorben und begraben, dass er ein Opfer nicht allein für die Erbsünde, sondern auch für alle anderen Sünden war und Gottes Zorn versöhnte, ebenso dass dieser Christus hinabgestiegen ist zur Hölle (Unterwelt), am dritten

Tage wahrhaftig auferstanden ist von den Toten und aufgefahren ist in den Himmel; er sitzt zur Rechten Gottes, dass er ewig über alle Geschöpfe herrsche und regiere; dass er alle, die an ihn glauben, durch den Heiligen Geist heilige, reinige, stärke und tröste, ihnen auch Leben und allerlei Gaben und Güter austeile und sie schütze und beschirme gegen den Teufel und die Sünde; dass dieser Herr Christus am Ende öffentlich kommen wird, zu richten die Lebenden und die Toten usw. laut dem Apostolischen Glaubensbekenntnis.

Artikel 4 – Von der Rechtfertigung – Weiter wird gelehrt, dass wir Vergebung der Sünde und Gerechtigkeit vor Gott nicht durch unser Verdienst, Werk und Genugtuung erlangen können, sondern dass wir Vergebung der Sünde bekommen und vor Gott gerecht werden aus Gnade um Christi willen durch den Glauben, nämlich wenn wir glauben, dass Christus für uns gelitten hat und dass uns um seinetwillen die Sünde vergeben, Gerechtigkeit und ewiges Leben geschenkt wird. Denn diesen Glauben will Gott als Gerechtigkeit, die vor ihm gilt, ansehen und zurechnen, wie der Hl. Paulus zu den Römern im 3. und 4. Kapitel sagt.

Artikel 5 – Vom Predigtamt – Um diesen Glauben zu erlangen, hat Gott das Predigtamt eingesetzt, das Evangelium und die Sakramente gegeben, durch die er als durch Mittel den Heiligen Geist gibt, der den

Glauben, wo und wann er will, in denen, die das Evangelium hören, wirkt, das da lehrt, dass wir durch Christi Verdienst, nicht durch unser Verdienst, einen gnädigen Gott haben, wenn wir das glauben.

Und es werden die verdammt, die lehren, dass wir den Heiligen Geist ohne das leibhafte Wort des Evangeliums durch eigene Vorbereitung, Gedanken und Werke erlangen.

Artikel 6 – Vom neuen Gehorsam – Auch wird gelehrt, dass dieser Glaube gute Früchte und gute Werke hervorbringen soll und dass man gute Werke tun muss, und zwar alle, die Gott geboten hat, um Gottes willen. Doch darf man nicht auf solche Werke vertrauen, um dadurch Gnade vor Gott zu verdienen. Denn wir empfangen Vergebung der Sünde und Gerechtigkeit durch den Glauben an Christus – wie Christus selbst spricht: »Wenn ihr alles getan habt, sollt ihr sprechen: Wir sind untüchtige Knechte.« So lehren auch die Kirchenväter. Denn Ambrosius sagt: »So ist es bei Gott beschlossen, dass, wer an Christus glaubt, selig ist und nicht durch Werke, sondern allein durch den Glauben ohne Verdienst Vergebung der Sünde hat.«

Artikel 7 – Von der Kirche – Es wird auch gelehrt, dass allezeit eine heilige, christliche Kirche sein und bleiben muss, die die Versammlung aller Gläubigen ist, bei denen das Evangelium rein gepredigt und die heiligen Sakramente laut dem Evangelium gereicht werden. Denn das genügt zur wahren Einheit der christlichen Kirche, dass das Evangelium einträchtig im reinen Verständnis gepredigt und die Sakramente dem göttlichen Wort gemäß gereicht werden. Und es ist nicht zur wahren Einheit der christlichen Kirche nötig, dass überall die gleichen, von den Menschen eingesetzten Zeremonien eingehalten werden, wie Paulus sagt: »*Ein* Leib und *ein* Geist, wie ihr berufen seid zu *einer* Hoffnung eurer Berufung; *ein* Herr, *ein* Glaube, *eine* Taufe« (Eph 4,4.5).

Artikel 8 – Was die Kirche sei? – Ebenso, obwohl die christliche Kirche eigentlich nichts anderes ist als die Versammlung aller Gläubigen und Heiligen, jedoch in diesem Leben unter den Frommen viele falsche Christen und Heuchler, auch öffentliche Sünder bleiben, sind die Sakramente gleichwohl wirksam, auch wenn die Priester, durch die sie gereicht werden, nicht fromm sind; wie denn Christus selbst sagt: »Auf dem Stuhl des Mose sitzen die Pharisäer« usw. (Mt 23,2). Deshalb werden alle verdammt, die anders lehren.

Artikel 9 – Von der Taufe – Von der Taufe wird gelehrt, dass sie heilsnotwendig ist und dass durch sie Gnade angeboten wird; dass man auch die Kinder taufen soll, die durch die Taufe Gott überantwortet und gefällig werden, d. h. in die Gnade Gottes aufgenommen werden. Deshalb werden die verworfen, die lehren, dass die Kindertaufe nicht richtig sei.

Artikel 10 – Vom heiligen Abendmahl – Vom Abendmahl des Herrn wird so gelehrt, dass der wahre Leib und das wahre Blut Christi wirklich unter der Gestalt des Brotes und Weines im Abendmahl gegenwärtig ist und dort ausgeteilt und empfangen wird.
Deshalb wird auch die Gegenlehre verworfen.

Artikel 11 – Von der Beichte – Von der Beichte wird so gelehrt, dass man in der Kirche die private Absolution oder Lossprechung beibehalten und nicht wegfallen lassen soll, obwohl es in der Beichte nicht nötig ist, alle Missetaten und Sünden aufzuzählen, weil das doch nicht möglich ist: »Wer kennt seine Missetat?« (Ps 19,13)

Artikel 12 – Von der Buße – Von der Buße wird gelehrt, dass diejenigen, die nach der Taufe gesündigt haben, jederzeit, wenn sie Buße tun, Vergebung der Sünden erlangen und ihnen die Absolution von der Kirche nicht verweigert werden soll. Nun ist wahre, rechte Buße eigentlich nichts anderes als Reue und Leid oder das Erschrecken über die Sünde und doch zugleich der Glaube an das Evangelium und die Absolution, nämlich dass die Sünde vergeben und durch Christus Gnade erworben ist. Dieser Glaube tröstet wiederum das Herz und macht es zufrieden. Danach soll auch die Besserung folgen und dass man von Sünden lasse; denn dies sollen die Früchte der Buße sein – wie Johannes sagt: »Tut rechtschaffene Frucht der Buße« (Mt 3,8).

Hiermit werden die verworfen, die lehren, dass diejenigen, die einmal fromm geworden (zum Glauben gekommen) sind, nicht wieder in Sünden fallen können. Andererseits werden auch die verworfen, die die Absolution denen verweigerten, die nach der Taufe gesündigt hatten. Auch werden die verworfen, die nicht lehren, dass man durch Glauben Vergebung der Sünde erlangt, sondern durch unsere Genugtuung.

Artikel 13 – Vom Gebrauch der Sakramente – Vom Gebrauch der Sakramente wird gelehrt, dass die Sakramente nicht nur als Zeichen eingesetzt sind, an denen man die Christen äußerlich erkennen kann, sondern dass sie Zeichen und Zeugnis sind des göttlichen Willens gegen uns, um dadurch unseren Glauben zu erwecken und zu stärken. Darum fordern sie auch Glauben und werden dann richtig gebraucht, wenn man sie im Glauben empfängt und den Glauben durch sie stärkt.

Artikel 14 – Vom Kirchenregiment – Vom Kirchenregiment (kirchlichen Ampt) wird gelehrt, dass niemand in der Kirche öffentlich lehren oder predigen oder die Sakramente reichen soll ohne ordnungsgemäße Berufung.

Artikel 15 – Von Kirchenordnungen – Von Kirchenordnungen, die von Menschen gemacht sind, lehrt man bei uns, diejenigen einzuhalten, die ohne Sünde eingehalten werden können und die dem Frieden und der guten Ordnung in der Kirche dienen, wie bestimmte Feiertage, Feste und dergleichen. Doch werden dabei die Menschen unterrichtet, dass man die Gewissen nicht damit beschweren soll, als seien solche Dinge notwendig zur Seligkeit. Darüber hinaus wird gelehrt, dass alle Satzungen und Traditionen, die von Menschen zu dem Zweck gemacht worden sind, dass man dadurch Gott versöhne und Gnade verdiene, dem Evangelium und der Lehre vom Glauben an Christus widersprechen. Deshalb sind Klostergelübde und andere Traditionen über Fastenspeisen, Fasttage usw., durch die man Gnade zu verdienen und für die Sünde Genugtuung zu leisten meint, nutzlos und gegen das Evangelium.

Artikel 16 – Von der Polizei (Staatsordnung) und dem weltlichen Regiment – Von der Polizei (Staatsordnung) und dem weltlichen Regiment wird gelehrt, dass alle Obrigkeit in der Welt und geordnetes Regiment und Gesetze gute Ordnung sind, die von Gott geschaffen und eingesetzt sind, und dass Christen ohne Sünde in Obrigkeit, Fürsten- und Richteramt tätig sein können, nach kaiserlichen und anderen geltenden Rechten Urteile und Recht sprechen, Übeltäter mit dem Schwert bestrafen, rechtmäßig Kriege führen, in ihnen mitstreiten, kaufen und verkaufen, auferlegte Eide leisten, Eigentum haben, eine Ehe eingehen können usw.

Hiermit werden die verdammt, die lehren, dass das oben Angezeigte unchristlich sei. Auch werden diejenigen verdammt, die lehren, dass es christliche Vollkommenheit sei, Haus und Hof, Weib und Kind leiblich zu verlassen und dies alles aufzugeben, wo doch allein das die rechte Vollkommenheit ist: rechte Furcht Gottes und rechter Glaube an Gott. Denn das Evangelium lehrt nicht ein äußerliches, zeitliches, sondern ein innerliches, ewiges Wesen und die Gerechtigkeit des Herzens; und es stößt nicht das weltliche Regiment, die Polizei (Staatsordnung) und den Ehestand um, sondern will, dass man dies alles als wahrhaftige Gottesordnung erhalte und in diesen Ständen christliche Liebe und rechte, gute Werke, jeder in seinem Beruf, erweise. Deshalb sind es die Christen schuldig, der Obrigkeit untertan und ihren Geboten und Gesetzen gehorsam zu sein in allem, was ohne Sünde geschehen kann. Wenn aber der Obrigkeit Gebot ohne Sünde nicht befolgt werden kann, soll man Gott mehr gehorchen als den Menschen.

Artikel 17 – Von der Wiederkunft Christi zum Gericht – Auch wird gelehrt, dass unser Herr Jesus Christus am Jüngsten Tag kommen wird, um zu richten und alle Toten aufzuerwecken, den Gläubigen und Auserwählten ewiges Leben und ewige Freude zu geben, die gottlosen Menschen aber und die Teufel in die Hölle und zur ewigen Strafe verdammen wird.
Deshalb werden die verworfen, die lehren, dass die Teufel und die verdammten Menschen nicht ewige Pein und Qual haben werden.

Ebenso werden hier Lehren verworfen, die sich auch gegenwärtig ausbreiten, nach denen vor der Auferstehung der Toten eitel (reine) Heilige, Fromme ein weltliches Reich aufrichten und alle Gottlosen vertilgen werden.

Artikel 18 – Vom freien Willen – Vom freien Willen wird so gelehrt, dass der Mensch in gewissem Maße einen freien Willen hat, äußerlich ehrbar zu leben und zu wählen unter den Dingen, die die Vernunft begreift. Aber ohne Gnade, Hilfe und Wirkung des Heiligen Geistes kann der Mensch Gott nicht gefallen, Gott nicht von Herzen fürchten oder an ihn glauben oder nicht die angebotenen, bösen Lüste aus dem Herzen werfen, sondern dies geschieht durch den Heiligen Geist, der durch Gottes Wort gegeben wird. Denn so spricht Paulus: »Der natürliche Mensch vernimmt nichts vom Geist Gottes« (1Kor 2,14) (Hier ist der Text gekürzt.)

Artikel 19 – Über die Ursache der Sünde – Von der Ursache der Sünde wird bei uns gelehrt: wiewohl Gott der Allmächtige die ganze Natur geschaffen hat und erhält, so bewirkt doch der verkehrte Wille in allen Bösen und Verächtern Gottes die Sünde, wie es denn der Wille des Teufels und aller Gottlosen ist, der sich, sobald Gott seine Hand abzog, von Gott weg dem Argen zugewandt hat, wie Christus sagt: »Der Teufel redet Lügen aus seinem Eigenen« (Joh 8,44).

Artikel 20 – Vom Glauben und guten Werken – Den Unseren wird in unwahrer Weise nachgesagt, dass sie gute Werke verbieten. Denn ihre Schriften über die Zehn Gebote und andere beweisen, dass sie von rechten christlichen Ständen und Werken einen guten nützlichen Bericht und eine Ermahnung hinterlassen haben, worüber man früher wenig gelehrt hat; sondern man hat in allen Predigten vor allem zu kindischen, unnötigen Werken, wie Rosenkränze, Heiligenverehrung, Mönchwerden, Wallfahrten, Fastenordnungen, Feiertage, Bruderschaften usw. angetrieben. Diese unnötigen Werke rühmen auch unsere Gegner jetzt nicht mehr so sehr wie früher. Außerdem haben sie auch gelernt, nun vom Glauben zu reden, über den sie doch früher gar nicht gepredigt haben. Sie lehren jetzt, dass wir vor Gott nicht allein aus Werken gerecht werden, sondern fügen den Glauben an Christus hinzu und sagen, dass Glaube und Werke uns vor Gott gerecht machen, welche Lehre etwas mehr Trost bringen mag, als wenn man allein lehrt, auf Werke zu vertrauen.

Weil nun die Lehre vom Glauben, die das Hauptstück im christlichen Wesen ist, lange Zeit – wie man bekennen muss – nicht betrieben worden ist, sondern überall allein die Lehre von den Werken gepredigt wurde, ist von den Unseren folgende Unterrichtung gegeben worden:

Erstlich, dass unsere Werke uns nicht mit Gott versöhnen und uns nicht Gnade erwerben können, sondern das geschieht allein durch den Glauben – wenn

40

man nämlich glaubt, dass uns um Christi willen die Sünden vergeben werden, der allein der Mittler ist, um den Vater zu versöhnen. Wer nun meint, das durch Werke zu erreichen und dadurch Gnade zu verdienen, der verachtet Christus und sucht einen eigenen Weg zu Gott gegen das Evangelium.

Diese Lehre vom Glauben wird deutlich und klar bei Paulus vielerorts vertreten, besonders hier: »Aus Gnade seid ihr selig geworden durch den Glauben, und das nicht aus euch, sondern Gottes Gabe ist es, nicht aus Werken, damit sich niemand rühme« (Eph 2,8–9) usw.

Dass hierdurch von uns kein neues Verständnis des Glaubens eingeführt worden ist, kann man aus Augustinus beweisen, der diese Sache ausführlich behandelt und ebenfalls lehrt, dass wir durch den Glauben an Christus Gnade erlangen und vor Gott gerecht werden und nicht durch Werke, wie sein ganzes Buch »Über den Geist und den Buchstaben« beweist.

Obwohl nun diese Lehre von nicht sachkundigen Leuten sehr verachtet wird, so zeigt sich doch, dass sie für schwache und erschrockene Gewissen sehr tröstlich und heilsam ist. Denn das Gewissen kann nicht durch Werke zu Ruhe und Frieden kommen, sondern allein durch den Glauben, wenn es bei sich mit Gewissheit schließt, dass es um Christi willen einen gnädigen Gott hat – wie auch Paulus sagt: »Weil wir durch den Glauben gerecht geworden sind, haben wir Ruhe und Frieden vor Gott« (Röm 5,1). (Hier ist der Text gekürzt.)

Ferner wird gelehrt, dass gute Werke geschehen sollen und müssen, aber nicht, dass man darauf vertraut, durch sie Gnade zu verdienen, sondern um Gottes willen und zu Gottes Lob. Der Glaube ergreift immer nur die Gnade und die Vergebung der Sünde; und weil durch den Glauben der Heilige Geist gegeben wird, darum wird auch das Herz befähigt, gute Werke zu tun, Denn zuvor, weil es ohne den Heiligen Geist ist, ist es zu schwach; dazu befindet es sich in der Gewalt des Teufels, der die arme menschliche Natur zu vielen Sünden antreibt, wie wir's an den Philosophen sehen, die versucht haben, ehrlich und unsträflich zu leben, sie haben es aber dennoch nicht erreicht, sondern sind in viele große, offenkundige Sünden gefallen. So geht es mit dem Menschen, der ohne den rechten Glauben und ohne den Heiligen Geist lebt und sich allein aus eigener menschlicher Kraft regiert.

Deshalb ist diese Lehre vom Glauben nicht zu schelten, dass sie gute Werke verbiete, sondern vielmehr dafür zu rühmen, dass sie lehrt, gute Werke zu tun, und Hilfe anbietet, wie man zu guten Werken kommen kann. Denn außer dem Glauben und außerhalb von Christus ist menschliche Natur und Vermögen viel zu schwach, gute Werke zu tun, Gott anzurufen, im Leiden Geduld zu haben, den Nächsten zu lieben, befohlene Ämter fleißig auszurichten, gehorsam zu sein, böse Lust zu meiden usw. Solche hohen und rechten Werke können ohne die Hilfe Christi nicht geschehen, wie er selbst sagt: »Ohne mich könnt ihr nichts tun« (Joh 15,5).

Artikel 21 – Vom Dienst der Heiligen – Vom Heiligendienst wird von den Unseren so gelehrt, dass man der Heiligen gedenken soll, damit wir unseren Glauben stärken, wenn wir sehen, wie ihnen Gnade widerfahren und auch wie ihnen durch den Glauben geholfen worden ist; außerdem soll man sich an ihren guten Werken ein Beispiel nehmen, ein jeder in seinem Beruf, gleichwie Kaiserliche Majestät seliglich und göttlich dem Beispiel Davids folgen soll, wenn er Krieg gegen die Türken führt; denn beide sind sie im königlichen Ampt, das von ihnen Schutz und Schirm für ihre Untertanen fordert. Aus der Hl. Schrift kann man aber nicht beweisen, dass man die Heiligen anrufen oder Hilfe bei ihnen suchen soll. »Denn es ist nur ein einziger Versöhner und Mittler gesetzt zwischen Gott und den Menschen, Jesus Christus« (1Tim 2,5). Er ist der einzige Heiland, der einzige Hohepriester, Gnadenstuhl und Fürsprecher vor Gott (Röm 8,34). Und er allein hat zugesagt, dass er unser Gebet erhören will. Nach der Hl. Schrift ist das auch der höchste Gottesdienst, dass man diesen Jesus Christus in allen Nöten und Anliegen von Herzen sucht und anruft: »Wenn jemand sündigt, haben wir einen Fürsprecher bei Gott, der gerecht ist, Jesus« (1Joh 2,1) usw.

Abschluss des ersten Teils – Dies ist beinahe die Zusammenfassung der Lehre, die in unseren Kirchen zum rechten christlichen Unterricht und zum Trost der Gewissen sowie zur Besserung der Gläubigen

43

gepredigt und gelehrt wird. Wie wir ja auch unsere eigene Seele und Gewissen nicht gern vor Gott durch Missbrauch des göttlichen Namens oder Wortes der höchsten Gefahr aussetzen oder unseren Kindern und Nachkommen eine andere Lehre hinterlassen oder vererben als eine solche, die dem reinen göttlichen Wort und der christlichen Wahrheit gemäß ist. Weil denn diese Lehre in der Heiligen Schrift klar begründet ist und außerdem der allgemeinen christlichen, ja auch der römischen Kirche, soweit das aus den Schriften der Kirchenväter festzustellen ist, nicht zuwider noch entgegen ist, meinen wir auch, dass unsere Gegner in den oben aufgeführten Artikeln mit uns nicht uneinig sind. Deshalb handeln diejenigen ganz unfreundlich, vorschnell und gegen alle christliche Einigkeit und Liebe, die die Unseren als Ketzer abzusondern, zu verwerfen und zu meiden suchen, ohne dass sie dafür einen triftigen Grund in einem göttlichen Gebot oder in der Schrift haben. Denn die Uneinigkeit und den Zank gibt es vor allem wegen einiger Traditionen und Missbräuche. Wenn denn nun an den Hauptartikeln kein vorfindlicher falscher Grund oder Mangel festzustellen ist und dies unser Bekenntnis göttlich und christlich ist, sollten sich die Bischöfe billigerweise, selbst wenn bei uns wegen der Tradition ein Mangel wäre, wohlwollender erweisen; obwohl wir hoffen, stichhaltige Gründe und Ursachen anführen zu können, warum bei uns einige Traditionen und Missbräuche abgeändert worden sind.

Der Zweite Teil des Augsburger Bekenntnisses behandelt Regelungen in der Kirche, die die Reformation als Missbräuche erkannt und dem Evangelium gemäß neu geordnet hat.
Die Artikel sind überschrieben:
Artikel 22 – Von den beiden Gestalten des Sakraments,
Artikel 23 – Vom Ehestand der Priester,
Artikel 24 – Von der Messe,
Artikel 25 – Von der Beichte,
Artikel 26 – Von der Unterscheidung der Speisen,
Artikel 27 – Von Klostergelübden,
Artikel 29 – Von der Gewalt (Vollmacht) der Bischöfe.

Der Heidelberger Katechismus (Auszug)

Der Heidelberger Katechismus ist 1563 am Hof des evangelischen Fürsten Friedrich III. in Heidelberg innerhalb der pfälzischen Kirchenordnung herausgeben worden. Der Kurfürst wollte damit die kirchlichen Verhältnisse sichern und die widerstreitenden theologischen Meinungen in der Kurpfalz vereinigen.
Der Heidelberger Katechismus hat drei Teile, in denen in Frage und Antwort die Grundlagen des christlichen Glaubens dargeboten werden: »Von des Menschen Elend« (das Doppelgebot der Liebe); »Von des Menschen Erlösung« (Glaubensbekenntnis, Taufe, Abendmahl) und »Von der Dankbarkeit« (die zehn Gebote, das Vaterunser).
Der Heidelberger Katechismus hat sich schnell über die Grenzen der Pfalz verbreitet, und gewann in vie-

len deutschen und europäischen Gebieten große Bedeutung für den Gottesdienst und Unterricht. In den reformierten Kirchen ist er eine Bekenntnisschrift.

Frage 1 – Was ist dein einziger Trost im Leben und im Sterben? – Dass ich mit Leib und Seele, im Leben und im Sterben nicht mein, sondern meines getreuen Heilands Jesus Christi eigen bin, der mit seinem teuren Blut für alle meine Sünden vollkömmlich bezahlt und mich aus aller Gewalt des Teufels erlöst hat und also bewahrt, dass ohne den Willen meines Vaters im Himmel kein Haar von meinem Haupt kann fallen, ja auch mir alles zu meiner Seligkeit dienen muss. Darum er mich auch durch seinen Heiligen Geist des ewigen Lebens versichert und ihm forthin zu leben von Herzen willig und bereit macht.

Frage 2 – Wieviel Stücke sind dir nötig zu wissen, dass du in diesem Trost selig leben und sterben kannst? – Drei Stücke: erstlich, wie groß meine Sünde und Elend ist; zum andern, wie ich von allen meinen Sünden und Elend erlöst werde; und zum dritten, wie ich Gott für solche Erlösung soll dankbar sein.

Der erste Teil – Von des Menschen Elend

Frage 3 – Woher erkennst du dein Elend? – Aus dem Gesetz Gottes.

Frage 4 – Was fordert denn das göttliche Gesetz von uns? – Dies lehrt uns Christus in einer Summa Matthäus im 22. Kapitel: Du sollst lieben Gott, deinen Herrn, von ganzem Herzen, von ganzer Seele und von ganzem Gemüt. Dies ist das höchste und größte Gebot. Das andre aber ist dem gleich: Du sollst deinen Nächsten lieben wie dich selbst. In diesen beiden Geboten hängt das ganze Gesetz und die Propheten.

Frage 5 – Kannst du dies alles vollkömmlich halten? – Nein; denn ich bin von Natur geneigt, Gott und meinen Nächsten zu hassen.

Frage 8 – Sind wir aber dermaßen verderbt, dass wir ganz und gar untüchtig sind zu irgend etwas Gutem und geneigt zu allem Bösem? – Ja; es sei denn, dass wir durch den Geist Gottes wiedergeboren werden.

Der Zweite Teil – Von des Menschen Erlösung

Frage 15 – Was für einen Mittler und Erlöser müssen wir denn suchen? – Einen solchen, der ein wahrer und gerechter Mensch und doch stärker als alle Kreaturen, das ist, zugleich wahrer Gott sei.

Frage 18 – Wer ist aber der Mittler, der zugleich wahrer Gott und ein wahrer, gerechter Mensch ist? – Unser Herr Jesus Christus, der uns zur vollkommenen Erlösung und Gerechtigkeit geschenkt ist.

Frage 19 – Woher weißt du das? – Aus dem heiligen Evangelium.

Frage 21 – Was ist wahrer Glaube? – Es ist nicht allein eine gewisse Erkenntnis, dadurch ich alles für wahr halte, was uns Gott in seinem Wort hat geoffenbart, sondern auch ein herzliches Vertrauen, welches der Heilige Geist durchs Evangelium in mir wirkt, dass nicht allein andern, sondern auch mir Vergebung der Sünden, ewige Gerechtigkeit und Seligkeit von Gott geschenkt ist, aus lauter Gnade, allein um des Verdienstes Christi willen.

Von Gott dem Vater

Frage 26 – Was glaubst du, wenn du sprichst: Ich glaube an Gott Vater, den Allmächtigen, Schöpfer Himmels und der Erden? – Dass der ewige Vater unsers Herrn Jesus Christus, der Himmel und Erde samt allem, was darinnen ist, aus nichts erschaffen, auch dieselben noch durch seinen ewigen Rat und Vorsehung erhält und regiert, um seines Sohnes Christi willen mein Gott und mein Vater ist, auf welchen ich also vertraue, dass ich nicht zweifle, er werde mich mit allem versorgen, was für Leib und Seele nötig ist, auch alles Übel, das er mir in diesem Jammertal zuschickt, mir zu gut wenden, weil er's tun kann als ein allmächtiger Gott und auch tun will als ein getreuer Vater.

Frage 28 – Was für Nutzen bekommen wir aus der Erkenntnis der Schöpfung und Vorsehung Gottes? – Dass wir in aller Widerwärtigkeit geduldig, in Glückseligkeit dankbar und aufs Zukünftige guter Zuversicht zu unserm getreuen Gott und Vater sein sollen, dass uns keine Kreatur von seiner Liebe scheiden wird, weil alle Kreaturen also in seiner Hand sind, dass sie sich ohne seinen Willen auch nicht regen noch bewegen können.

Frage 29 – Warum wird der Sohn Gottes Jesus, das ist Seligmacher, genannt? – Weil er uns selig macht von unsern Sünden und weil bei keinem andern irgendeine Seligkeit zu suchen noch zu finden ist.

Frage 31 – Warum wird er Christus, das ist ein Gesalbter, genannt? – Weil er von Gott dem Vater verordnet und mit dem Heiligen Geist gesalbt ist zu unserm obersten Propheten und Lehrer, der uns den verborgenen Rat und Willen Gottes von unserer Erlösung vollkömmlich offenbart; und zu unserm einzigen Hohenpriester, der uns mit dem einzigen Opfer seines Leibes erlöst hat und immerdar mit seiner Fürbitte vor dem Vater vertritt; und zu unserm ewigen König, der uns mit seinem Wort und Geist regiert und bei der erworbenen Erlösung schützt und erhält.

Frage 33 – Warum wirst aber du ein Christ genannt? – Weil ich durch den Glauben ein Glied Christi und also seiner Salbung teilhaftig bin, auf dass auch ich seinen Namen bekenne, mich ihm zu einem lebendigen Dankopfer darstelle und mit freiem Gewissen in diesem Leben wider die Sünde und den Teufel streite und hernach in Ewigkeit mit ihm über alle Kreaturen herrsche.

Frage 37 – Was verstehst du unter dem Wörtlein gelitten? – Dass er an Leib und Seele die ganze Zeit seines Lebens auf Erden, sonderlich aber am Ende desselben, den Zorn Gottes wider die Sünde des ganzen menschlichen Geschlechts getragen hat, auf dass er mit seinem Leiden, als mit dem einzigen Sühnopfer, unsern Leib und unsere Seele von der ewigen Verdammnis erlöste und uns Gottes Gnade, Gerechtigkeit und ewiges Leben erwürbe.

Frage 45 – Was nützt uns die Auferstehung Christi? – Erstlich hat er durch seine Auferstehung den Tod überwunden, dass er uns der Gerechtigkeit, die er uns durch seinen Tod erworben hat, könnte teilhaftig machen. Zum andern werden auch wir jetzt durch seine Kraft erweckt zu einem neuen Leben. Zum dritten ist uns die Auferstehung Christi ein gewisses Pfand unserer seligen Auferstehung.

Von Gott dem Heiligen Geist

Frage 53 – Was glaubst du vom Heiligen Geist? – Erstlich, dass er gleich ewiger Gott mit dem Vater und dem Sohn ist.

Zum andern, dass er auch mir gegeben ist, mich durch wahren Glauben Christi und aller seiner Wohltaten teilhaftig macht, mich tröstet und bei mir bleiben wird bis in Ewigkeit.

Frage 54 – Was glaubst du von der heiligen allgemeinen christlichen Kirche? – Dass der Sohn Gottes aus dem ganzen menschlichen Geschlecht sich eine auserwählte Gemeinde zum ewigen Leben durch seinen Geist und Wort, in Einigkeit des wahren Glaubens von Anbeginn der Welt bis ans Ende versammelt, schützt und erhält und dass ich derselben ein lebendiges Glied bin und ewig bleiben werde.

Frage 55 – Was verstehst du unter der Gemeinschaft der Heiligen? – Erstlich, dass alle und jede Gläubigen als Glieder an dem Herrn Christus und allen seinen Schätzen und Gaben Gemeinschaft haben.
Zum andern, dass ein jeder seine Gaben zu Nutz und Heil der andern Glieder willig und mit Freuden anzulegen sich schuldig wissen soll.

Frage 60 – Wie bist du gerecht vor Gott? – Allein durch wahren Glauben an Jesus Christus, also dass, obschon mich mein Gewissen anklagt, dass ich wider alle Gebote Gottes schwer gesündigt und derselben keines je gehalten habe, auch noch immerdar zu allem Bösen geneigt bin, doch Gott, ohne all mein Verdienst, aus lauter Gnade, mir die vollkommene Genugtuung, Gerechtigkeit und Heiligkeit Christi schenkt und zurechnet, als hätte ich nie eine Sünde begangen noch gehabt und selbst all den Gehorsam vollbracht, den Christus für mich hat geleistet, wenn ich allein solche Wohltat mit gläubigem Herzen annehme.

Frage 61 – Warum sagst du, dass du allein durch den Glauben gerecht bist? – Nicht, dass ich wegen der Würdigkeit meines Glaubens Gott gefalle, sondern weil allein die Genugtuung, Gerechtigkeit und Heiligkeit Christi meine Gerechtigkeit vor Gott ist und ich diese nicht anders als allein durch den Glauben annehmen und mir zueignen kann.

Frage 62 – Warum können aber unsere guten Werke nicht die Gerechtigkeit vor Gott oder ein Stück derselben sein? – Weil die Gerechtigkeit, die vor Gottes Gericht bestehen soll, durchaus vollkommen und dem göttlichen Gesetz ganz gleichförmig sein muss, aber auch unsere besten Werke in diesem Leben alle unvollkommen und mit Sünden befleckt sind.

Von den heiligen Sakramenten

Frage 65 – Weil denn allein der Glaube uns Christi und aller seiner Wohltaten teilhaftig macht, woher kommt solcher Glaube? – Der Heilige Geist wirkt denselben in unsern Herzen durch die Predigt des heiligen Evangeliums und bestätigt ihn durch den Gebrauch der heiligen Sakramente.

Frage 66 – Was sind die Sakramente? – Es sind sichtbare heilige Wahrzeichen und Siegel, von Gott dazu eingesetzt, dass er uns durch den Gebrauch derselben die Verheißung des Evangeliums desto besser zu verstehen gebe und versiegele: nämlich, dass er uns wegen des einzigen Opfers Christi, am Kreuz vollbracht, Vergebung der Sünden und ewiges Leben aus Gnade schenkt.

Von der heiligen Taufe

Frage 69 – Wie wirst du in der heiligen Taufe erinnert und versichert, dass das einzige Opfer Christi am Kreuz dir zugut kommt? – Also, dass Christus dies äußerliche Wasserbad eingesetzt und dabei verheißen hat, dass ich so gewiss mit seinem Blut und Geist von der Unreinigkeit meiner Seele, das ist von allen meinen Sünden, gewaschen sei, so gewiss ich äußerlich mit dem Wasser, welches die Unsauberkeit des Leibes hinweg nimmt, gewaschen bin.

Frage 74 – Soll man auch die jungen Kinder taufen? – Ja; denn weil sie sowohl als die Alten in den Bund Gottes und seine Gemeinde gehören und ihnen in dem Blut Christi die Erlösung von Sünden und der Heilige Geist, welcher den Glauben wirkt, nicht weniger als den Alten zugesagt wird, so sollen sie auch durch die Taufe, als Zeichen des Bundes, der christlichen Kirche eingeleibt und von den Kindern der Ungläubigen unterschieden werden, wie im Alten Testament durch

53

die Beschneidung geschehen ist, an deren Statt im Neuen Testament die Taufe eingesetzt ist.

Vom Heiligen Abendmahl Jesu Christi

Frage 75 – Wie wirst du im heiligen Abendmahl erinnert und versichert, dass du an dem einzigen Opfer Christi am Kreuz und allen seinen Gütern Gemeinschaft hast? – Also, dass Christus mir und allen Gläubigen von diesem gebrochenen Brot zu essen und von diesem Kelch zu trinken befohlen hat zu seinem Gedächtnis, und dabei verheißen: Erstlich, dass sein Leib so gewiss für mich am Kreuz geopfert und gebrochen und sein Blut für mich vergossen ist, so gewiss ich mit Augen sehe, dass das Brot des Herrn mir gebrochen und der Kelch mir mitgeteilt wird; und zum andern, dass er selbst meine Seele mit seinem gekreuzigten Leib und vergossenen Blut so gewiss zum ewigen Leben speist und tränkt, als ich aus der Hand des Dieners empfange und leiblich genieße das Brot und den Kelch des Herrn, welche mir als gewisse Wahrzeichen des Leibes und Blutes gegeben werden.

Frage 81 – Welche sollen zu dem Tisch des Herrn kommen? – Die sich selbst um ihrer Sünde willen missfallen und doch vertrauen, dass dieselbe ihnen verziehen und die übrige Schwachheit mit dem Leiden und Sterben Christi bedeckt sei, begehren auch, je mehr und mehr ihren Glauben zu stärken und ihr Leben zu bessern. Die Unbußfertigen aber und Heuchler essen und trinken sich selbst zum Gericht.

Der dritte Teil – Von der Dankbarkeit

Frage 86 – Weil wir denn aus unserm Elend ohne all unser Verdienst aus Gnade durch Christus erlöst sind, warum sollen wir gute Werke tun? – Weil Christus, nachdem er uns mit seinem Blut erkauft hat, uns auch durch seinen Heiligen Geist erneuert zu seinem Ebenbild, dass wir mit unserm ganzen Leben uns dankbar gegen Gott für seine Wohltat erzeigen und er durch uns gepriesen werde.

Danach auch, dass wir bei uns selbst unsers Glaubens aus seinen Früchten gewiss seien und mit unserem gottseligen Wandel unsere Nächsten auch für Christus gewinnen.

Die Zehn Gebote

(Wortlaut und Zählung der Zehn Gebote folgen im Heidelberger Katechismus unmittelbar dem Text des Alten Testaments; vgl. 2Mose 20,1–17)

Frage 92 – Wie lautet das Gesetz des Herrn? –

1 Ich bin der Herr, dein Gott, der ich dich aus Ägyptenland, aus der Knechtschaft, geführt habe. Du sollst keine anderen Götter haben neben mir.

2 Du sollst dir kein Bildnis noch irgendein Gleichnis machen, weder von dem, das oben im Himmel,

noch von dem, was unten auf Erden, noch von dem, was im Wasser unter der Erde ist. Bete sie nicht an und diene ihnen nicht! Denn ich, der Herr, dein Gott, bin ein eifernder Gott, der die Missetat der Väter heimsucht bis ins dritte und vierte Glied an den Kindern derer, die mich hassen, aber Barmherzigkeit erweist an vielen Tausenden, die mich lieben und meine Gebote halten.

3 Du sollst den Namen des Herrn, deines Gottes, nicht missbrauchen; denn der Herr wird den nicht ungestraft lassen, der seinen Namen missbraucht.

4 Gedenke des Sabbattages, dass du ihn heiligest. Sechs Tage sollst du arbeiten und alle deine Werke tun. Aber am siebenten Tage ist der Sabbat des Herrn, deines Gottes. Da sollst du keine Arbeit tun, auch nicht dein Sohn, deine Tochter, dein Knecht, deine Magd, dein Vieh, auch nicht der Fremdling, der in deiner Stadt lebt. Denn in sechs Tagen hat der Herr Himmel und Erde gemacht und das Meer und alles, was darinnen ist, und ruhte am siebenten Tage. Darum segnete der Herr den Sabbattag und heiligte ihn.

5 Du sollst deinen Vater und deine Mutter ehren, auf dass du lange lebest im Lande, das dir der Herr, dein Gott, geben wird.

6 Du sollst nicht töten.

7 Du sollst nicht ehebrechen.

8 Du sollst nicht stehlen.

9 Du sollst nicht falsch Zeugnis reden wider deinen Nächsten.

10 Du sollst nicht begehren deines Nächsten Haus. Du sollst nicht begehren deines Nächsten Weib, Knecht, Magd, Rind, Esel noch alles, was dein Nächster hat.

Frage 115 – Warum lässt uns denn Gott so scharf die Zehn Gebote predigen, wenn sie in diesem Leben niemand halten kann? – Erstlich, damit wir unser ganzes Leben lang unsere sündliche Art je länger je mehr erkennen und desto begieriger Vergebung der Sünden und Gerechtigkeit in Christus suchen. Danach, dass wir ohne Unterlass uns befleißigen und Gott bitten um die Gnade des Heiligen Geistes, dass wir je länger je mehr zu dem Ebenbild Gottes erneuert werden, bis wir das Ziel der Vollkommenheit nach diesem Leben erreichen.

Vom Gebet

Frage 116 – Warum ist den Christen das Gebet nötig? – Weil es das vornehmste Stück der Dankbarkeit ist, welche Gott von uns fordert, und weil Gott seine Gnad und Heiligen Geist allein denen will geben, die ihn mit herzlichem Seufzen ohne Unterlass darum bitten und ihm dafür danken.

Frage 120 – Warum hat uns Christus befohlen, Gott anzureden: Unser Vater? – Dass er gleich im Anfang unsers Gebets in uns erwecke die kindliche Furcht und Zuversicht gegen Gott, welche der Grund unsers Gebets sein soll: nämlich, dass Gott unser Vater durch Christus geworden ist und uns viel weniger versagen will, worum wir ihn im Glauben bitten, als unsere Väter uns irdische Dinge abschlagen.

Frage 123 – Was ist die zweite Bitte? – Dein Reich komme,
das ist – Regiere uns also durch dein Wort und Geist, dass wir uns dir je länger je mehr unterwerfen, erhalte und mehre deine Kirche, und zerstöre die Werke des Teufels und alle Gewalt, die sich wider dich erhebt, und alle bösen Ratschläge, die wider dein heiliges Wort erdacht werden, bis die Vollkommenheit deines Reiches herzu kommt, darin du wirst alles in allen sein.

Frage 125 – Was ist die vierte Bitte? – Unser tägliches Brot gib uns heute,
das ist – Wollest uns mit allem versorgen, was für Leib und Leben nötig ist, auf dass wir dadurch erkennen, dass du der einzige Ursprung alles Guten bist und dass ohne deinen Segen weder unsere Sorgen und Arbeit, noch deine Gaben uns gedeihen und wir deshalb unser Vertrauen von allen Kreaturen abziehen und allein auf dich setzen.

Frage 127 – Was ist die sechste Bitte? – Und führe uns nicht in Versuchung, sondern erlöse uns von dem Bösen, *das ist* – Weil wir aus uns selbst so schwach sind, dass wir nicht einen Augenblick bestehen können, und dazu unsere abgesagten Feinde, der Teufel, die Welt und unser eigen Fleisch, nicht aufhören, uns anzufechten, so wollest du uns erhalten und stärken durch die Kraft deines Heiligen Geistes, auf dass wir ihnen mögen festen Widerstand tun und in diesem geistlichen Streit nicht unterliegen, bis wir endlich den Sieg vollkömmlich behalten.

Frage 129 – Was bedeutet das Wörtlein Amen? – Amen heißt: Das soll wahr und gewiss sein; denn mein Gebet ist viel gewisser von Gott erhört, als ich in meinem Herzen fühle, dass ich solches von ihm begehre.

II. Lehrzeugnisse aus dem 20. Jahrhundert

DIE THEOLOGISCHE ERKLÄRUNG DER BEKENNTNISSYNODE VON BARMEN

Im Mai 1934 trat die erste Bekenntnissynode der Deutschen Evangelischen Kirche (DEK) mit 139 Abgeordneten aus 18 Landeskirchen in Barmen zusammen, um das Verhältnis der Kirche zum (nationalsozialistischen) Staat vom Evangelium her neu zu bestimmen. Eine der wichtigsten Verlautbarungen dieser Synode ist die Theologische Erklärung von Barmen, die der reformierte Theologe Karl Barth maßgeblich vorbereitet hat.

Die theologische Erklärung von Barmen hat ihren Anlass in der Irrlehre der Deutschen Christen, bedeutet aber eine umfassende Auseinandersetzung des deutschen Protestantismus mit seiner theologischen Vergangenheit. Sie beinhaltet sechs Thesen, die jeweils mit Worten aus dem Neuen Testament beginnen. Ihnen folgt ein Bekenntnis zu Jesus Christus als dem Herrn der Kirche. Alle Thesen schließen mit einem Verwerfungssatz gegen die Lehren, die dem im Evangelium bezeugten Worten von Jesus Christus widersprechen.

Die Evangelische Kirche in Deutschland (EKD) hat die theologische Erklärung von Barmen nach dem zweiten Weltkrieg bejaht, einzelne Landeskirchen haben sie in ihre jeweilige landeskirchliche Verfassung aufgenommen.

Thesen

1. Jesus Christus spricht: Ich bin der Weg und die
Wahrheit und das Leben; niemand kommt zum Vater
denn durch mich. (Joh 14,6)
Wahrlich, wahrlich, ich sage euch: Wer nicht zur Tür
hineingeht in den Schafstall, sondern steigt anders-
wo hinein, der ist ein Dieb und Räuber. Ich bin die
Tür; wenn jemand durch mich hineingeht, wird er
selig werden. (Joh 10,1.9)
Jesus Christus, wie er uns in der Heiligen Schrift
bezeugt wird, ist das eine Wort Gottes, das wir zu
hören, dem wir im Leben und im Sterben zu vertrau-
en und zu gehorchen haben.
Wir verwerfen die falsche Lehre, als könne und müsse
die Kirche als Quelle ihrer Verkündigung außer und
neben diesem einen Worte Gottes auch noch andere
Ereignisse und Mächte, Gestalten und Wahrheiten als
Gottes Offenbarung anerkennen.

2. Durch Gott seid ihr in Christus Jesus, der uns
von Gott gemacht ist zur Weisheit und zur Gerechtigkeit und zur Heiligung und zur Erlösung.
(1Kor 1,30)
Wie Jesus Christus Gottes Zuspruch der Vergebung
aller unserer Sünden ist, so und mit gleichem Ernst
ist er auch Gottes kräftiger Anspruch auf unser ganzes Leben; durch ihn widerfährt uns frohe Befreiung
aus den gottlosen Bindungen dieser Welt zu freiem,
dankbarem Dienst an seinen Geschöpfen.

Wir verwerfen die falsche Lehre, als gebe es Bereiche unseres Lebens, in denen wir nicht Jesus Christus, sondern anderen Herren zu eigen wären, Bereiche, in denen wir nicht der Rechtfertigung und Heiligung durch ihn bedürften.

3. Lasst uns aber wahrhaftig sein in der Liebe und wachsen in allen Stücken zu dem hin, der das Haupt ist, Christus, von dem aus der ganze Leib zusammengefügt ist. (Eph 4,15.16)
Die christliche Kirche ist die Gemeinde von Brüdern, in der Jesus Christus in Wort und Sakrament durch den Heiligen Geist als der Herr gegenwärtig handelt. Sie hat mit ihrem Glauben wie mit ihrem Gehorsam, mit ihrer Botschaft wie mit ihrer Ordnung mitten in der Welt der Sünde als die Kirche der begnadigten Sünder zu bezeugen, dass sie allein sein Eigentum ist, allein von seinem Trost und von seiner Weisung in Erwartung seiner Erscheinung lebt und leben möchte.
Wir verwerfen die falsche Lehre, als dürfe die Kirche die Gestalt ihrer Botschaft und ihrer Ordnung ihrem Belieben oder dem Wechsel der jeweils herrschenden weltanschaulichen und politischen Überzeugungen überlassen.

4. Jesus Christus spricht: Ihr wisst, dass die Herrscher ihre Völker niederhalten und die Mächtigen ihnen Gewalt antun. So soll es nicht sein unter euch; sondern wer unter euch groß sein will, der sei euer Diener. (Mt 20,25.26)

Die verschiedenen Ämter in der Kirche begründen keine Herrschaft der einen über die anderen, sondern die Ausübung des der ganzen Gemeinde anvertrauten und befohlenen Dienstes.
Wir verwerfen die falsche Lehre, als könne und dürfe sich die Kirche abseits von diesem Dienst besondere, mit Herrschaftsbefugnissen ausgestattete Führer geben und geben lassen.

5. Fürchtet Gott, ehrt den König. (1Petr 2,17)
Die Schrift sagt uns, dass der Staat nach göttlicher Anordnung die Aufgabe hat, in der noch nicht erlösten Welt, in der auch die Kirche steht, nach dem Maß menschlicher Einsicht und menschlichen Vermögens unter Androhung und Ausübung von Gewalt für Recht und Frieden zu sorgen. Die Kirche erkennt in Dank und Ehrfurcht gegen Gott die Wohltat dieser seiner Anordnung an. Sie erinnert an Gottes Reich, an Gottes Gebot und Gerechtigkeit und damit an die Verantwortung der Regierenden und Regierten. Sie vertraut und gehorcht der Kraft des Wortes, durch das Gott alle Dinge trägt.
Wir verwerfen die falsche Lehre, als solle und könne der Staat über seinen besonderen Auftrag hinaus die einzige und totale Ordnung menschlichen Lebens werden und also auch die Bestimmung der Kirche erfüllen. Wir verwerfen die falsche Lehre, als solle und könne sich die Kirche über ihren besonderen Auftrag hinaus staatliche Art, staatliche Aufgaben und staatli-

che Würde aneignen und damit selbst zu einem Organ des Staates werden.

6. Jesus Christus spricht: Siehe, ich bin bei euch alle Tage bis an der Welt Ende. (Mt 28,20)
Gottes Wort ist nicht gebunden. (2Tim 2,9)
Der Auftrag der Kirche, in welchem ihre Freiheit gründet, besteht darin, an Christi Statt und also im Dienst seines eigenen Wortes und Werkes durch Predigt und Sakrament die Botschaft von der freien Gnade Gottes auszurichten an alles Volk.
Wir verwerfen die falsche Lehre, als könne die Kirche in menschlicher Selbstherrlichkeit das Wort und Werk des Herrn in den Dienst irgendwelcher eigenmächtig gewählter Wünsche, Zwecke und Pläne stellen.

KONKORDIE REFORMATORISCHER KIRCHEN IN EUROPA (LEUENBERGER KONKORDIE)

Vom 12. bis 16. März 1973 wurde auf dem Leuenberg bei Basel der endgültige Text der Konkordie reformatorischer Kirchen in Europa (Leuenberger Konkordie – LK) erarbeitet und den beteiligten Kirchen übergeben. Damit wurde die Kirchengemeinschaft zwischen den lutherischen, reformierten und den aus ihnen hervorgegangenen unierten Kirchen sowie den ihnen verwandten vorreformatorischen Kirchen der Waldenser und der Böhmischen Brüder ermöglicht. Kirchengemeinschaft im Sinne der Leuenberger Konkordie be-

deutet: gemeinsames Verständnis des Evangeliums im Sinne der Abschnitte II und III der Konkordie; Feststellung, dass die in den Bekenntnisschriften ausgesprochenen Lehrverurteilungen nicht den gegenwärtigen Stand der Lehre der zustimmenden Kirchen betreffen; Gewährung der Kanzel- und Abendmahlsgemeinschaft unter Einschluss der gegenseitigen Anerkennung der Ordination.

Die Leuenberger Konkordie ist inzwischen von 81 Kirchen unterzeichnet worden, darunter auch drei lateinamerikanischen Kirchen, die durch ihre Geschichte besondere Beziehungen zu den europäischen Kirchen hatten. Die nordischen lutherischen Kirchen haben die Konkordie nicht unterzeichnet, anerkennen sie jedoch faktisch und haben sich von Anfang an an der Fortsetzungsarbeit beteiligt. Neue Impulse für die Fortsetzungsarbeit sind von der Evangelischen Versammlung (23. bis 30. März 1992) in Budapest ausgegangen. Bereits bei der vorbereitenden Tagung im August 1991 in Basel war deutlich geworden, dass die Leuenberger Konkordie ein wichtiges Instrument für die Integration der evangelischen Kirchen in Europa sein könnte.

Das der Leuenberger Konkordie zugrunde liegende ökumenische Modell ist das der Einheit in versöhnter Verschiedenheit: Die zustimmenden Kirchen erklären die Kirchengemeinschaft »in Bindung an die sie verpflichtenden Bekenntnisse oder unter Berücksichtigung ihrer Traditionen« (LK, Ziff. 30). Dieses Konzept bedeutet, »dass verschiedene Kirchen bleiben und

65

doch eine Kirche werden, aber in ihrem Verhältnis zueinander der Tatsache Rechnung tragen, dass sie von Gott her die eine, heilige, allgemeine, apostolische Kirche sind« (Nizäisches Glaubensbekenntnis).

1 Die dieser Konkordie zustimmenden lutherischen, reformierten und aus ihnen hervorgegangenen unierten Kirchen sowie die ihnen verwandten vorreformatorischen Kirchen der Waldenser und der Böhmischen Brüder stellen aufgrund ihrer Lehrgespräche unter sich das gemeinsame Verständnis des Evangeliums fest, wie es nachstehend ausgeführt wird.
Dieses ermöglicht ihnen, Kirchengemeinschaft zu erklären und zu verwirklichen. Dankbar dafür, dass sie näher zueinander geführt worden sind, bekennen sie zugleich, dass das Ringen um Wahrheit und Einheit in der Kirche auch mit Schuld und Leid verbunden war und ist.

2 Die Kirche ist allein auf Jesus Christus gegründet, der sie durch die Zuwendung seines Heils in der Verkündigung und in den Sakramenten sammelt und sendet. Nach reformatorischer Einsicht ist darum zur wahren Einheit der Kirche die Übereinstimmung in der rechten Lehre des Evangeliums und in der rechten Verwaltung der Sakramente notwendig und ausreichend. Von diesen reformatorischen Kriterien leiten die beteiligten Kirchen ihr Verständnis von Kirchengemeinschaft her, das im folgenden dargelegt wird.

I. Der Weg zur Gemeinschaft

3 Angesichts wesentlicher Unterschiede in der Art des theologischen Denkens und des kirchlichen Handelns sahen sich die reformatorischen Väter um ihres Glaubens und Gewissens willen trotz vieler Gemeinsamkeiten nicht in der Lage, Trennungen zu vermeiden. Mit dieser Konkordie erkennen die beteiligten Kirchen an, dass sich ihr Verhältnis zueinander seit der Reformationszeit gewandelt hat.

1. Gemeinsame Aspekte im Aufbruch der Reformation

4 Aus dem geschichtlichen Abstand heraus lässt sich heute deutlicher erkennen, was trotz aller Gegensätze den Kirchen der Reformation in ihrem Zeugnis gemeinsam war: Sie gingen aus von einer neuen befreienden und gewiss machenden Erfahrung des Evangeliums. Durch das Eintreten für die erkannte Wahrheit sind die Reformatoren gemeinsam in Gegensatz zu kirchlichen Überlieferungen jener Zeit geraten. Übereinstimmend haben sie deshalb bekannt, dass Leben und Lehre an der ursprünglichen und reinen Bezeugung des Evangeliums in der Schrift zu messen sei. Übereinstimmend haben sie die freie und bedingungslose Gnade Gottes im Leben, Sterben und Auferstehen Jesu Christi für jeden, der dieser Verheißung glaubt, bezeugt. Übereinstimmend haben sie bekannt, dass Handeln und Gestalt der Kirche allein von dem Auftrag her zu bestimmen

67

sind, dieses Zeugnis in der Welt aufzurichten, und dass das Wort des Herrn jeder menschlichen Gestaltung der christlichen Gemeinde überlegen bleibt. Dabei haben sie gemeinsam mit der ganzen Christenheit das in den altkirchlichen Symbolen ausgesprochene Bekenntnis zum dreieinigen Gott und der Gott-Menschheit Jesu Christi aufgenommen und neu bekannt.

2. Veränderte Voraussetzungen heutiger kirchlicher Situation

5 In einer vierhundertjährigen Geschichte haben die theologische Auseinandersetzung mit den Fragen der Neuzeit, die Entwicklung der Schriftforschung, die kirchlichen Erneuerungsbewegungen und der wieder entdeckte ökumenische Horizont die Kirchen der Reformation zu neuen, einander ähnlichen Formen des Denkens und Lebens geführt. Sie brachten freilich auch neue, quer durch die Konfessionen verlaufende Gegensätze mit sich. Daneben wurde immer wieder, besonders in Zeiten gemeinsamen Leidens, brüderliche Gemeinschaft erfahren. All dies veranlasste die Kirchen in neuer Weise, das biblische Zeugnis wie die reformatorischen Bekenntnisse, vor allem seit den Erweckungsbewegungen, für die Gegenwart zu aktualisieren. Auf diesen Wegen haben sie gelernt, das grundlegende Zeugnis der reformatorischen Bekenntnisse von ihren geschichtlich bedingten Denkformen zu unterschei-

den. Weil die Bekenntnisse das Evangelium als das lebendige Wort Gottes in Jesus Christus bezeugen, schließen sie den Weg zu dessen verbindlicher Weiterbezeugung nicht ab, sondern eröffnen ihn und fordern auf, ihn in der Freiheit des Glaubens zu gehen.

II. Das gemeinsame Verständnis des Evangeliums

6 Im Folgenden beschreiben die beteiligten Kirchen ihr gemeinsames Verständnis des Evangeliums, soweit es für die Begründung einer Kirchengemeinschaft erforderlich ist.

1. Die Rechtfertigungsbotschaft als die Botschaft von der freien Gnade Gottes

7 Das Evangelium ist die Botschaft von Jesus Christus, dem Heil der Welt, in Erfüllung der an das Volk des Alten Bundes ergangenen Verheißung.

8 a) Sein rechtes Verständnis haben die reformatorischen Väter in der Lehre von der Rechtfertigung zum Ausdruck gebracht.

9 b) In dieser Botschaft wird Jesus Christus bezeugt als der Mensch gewordene, in dem Gott sich mit dem Menschen verbunden hat; als der Gekreuzigte und Auferstandene, der das Gericht Gottes auf sich genommen und darin die Liebe Gottes zum Sünder

erwiesen hat, und als der Kommende, der als Richter und Retter die Welt zur Vollendung führt.

10 c) Gott ruft durch sein Wort im Heiligen Geist alle Menschen zu Umkehr und Glauben und spricht dem Sünder, der glaubt, seine Gerechtigkeit in Jesus Christus zu. Wer dem Evangelium vertraut, ist um Christi willen gerechtfertigt vor Gott und von der Anklage des Gesetzes befreit. Er lebt in täglicher Umkehr und Erneuerung zusammen mit der Gemeinde im Lobpreis Gottes und im Dienst am anderen in der Gewissheit, dass Gott seine Herrschaft vollenden wird. So schafft Gott neues Leben und setzt inmitten der Welt den Anfang einer neuen Menschheit.

11 d) Diese Botschaft macht die Christen frei zu verantwortlichem Dienst in der Welt und bereit, in diesem Dienst auch zu leiden. Sie erkennen, dass Gottes fordernder und gebender Wille die ganze Welt umfasst. Sie treten ein für irdische Gerechtigkeit und Frieden zwischen den einzelnen Menschen und unter den Völkern. Dies macht es notwendig, dass sie mit anderen Menschen nach vernünftigen, sachgemäßen Kriterien suchen und sich an ihrer Anwendung beteiligen. Sie tun dies im Vertrauen darauf, dass Gott die Welt erhält, und in Verantwortung vor seinem Gericht.

12 e) Mit diesem Verständnis des Evangeliums stellen wir uns auf den Boden der altkirchlichen Symbole und nehmen die gemeinsame Überzeugung der

reformatorischen Bekenntnisse auf, dass die aus-
schließliche Heilsmittlerschaft Jesu Christi die Mitte
der Schrift und die Rechtfertigungsbotschaft als die
Botschaft von der freien Gnade Gottes Maßstab aller
Verkündigung der Kirche ist.

2. Verkündigung, Taufe und Abendmahl

13 Das Evangelium wird uns grundlegend bezeugt
durch das Wort der Apostel und Propheten in der
Heiligen Schrift Alten und Neuen Testaments. Die
Kirche hat die Aufgabe, dieses Evangelium weiterzu-
geben durch das mündliche Wort der Predigt, durch
den Zuspruch an den einzelnen und durch Taufe und
Abendmahl. In der Verkündigung, Taufe und Abendmahl ist Jesus Christus durch den Heiligen Geist
gegenwärtig. So wird den Menschen die Rechtfertigung in Christus zuteil, und so sammelt der Herr
seine Gemeinde. Er wirkt dabei in vielfältigen Äm-
tern und Diensten und im Zeugnis aller Glieder seiner Gemeinde.

14 a) *Taufe* Die Taufe wird im Namen des Vaters, des
Sohnes und des Heiligen Geistes mit Wasser vollzo-
gen. In ihr nimmt Jesus Christus den der Sünde und
dem Sterben verfallenen Menschen unwiderruflich
in seine Heilsgemeinschaft auf, damit er eine neue
Kreatur sei. Er beruft ihn in der Kraft des Heiligen
Geistes in seine Gemeinde und zu einem Leben aus
Glauben, zur täglichen Umkehr und Nachfolge.

15 b) *Abendmahl* Im Abendmahl schenkt sich der auferstandene Jesus Christus in seinem für alle dahingegebenen Leib und Blut durch sein verheißendes Wort mit Brot und Wein. Er gewährt uns dadurch Vergebung der Sünden und befreit uns zu einem neuen Leben aus Glauben. Er lässt uns neu erfahren, dass wir Glieder an seinem Leibe sind. Er stärkt uns zum Dienst an den Menschen.

16 Wenn wir das Abendmahl feiern, verkündigen wir den Tod Christi, durch den Gott die Welt mit sich selbst versöhnt hat. Wir bekennen die Gegenwart des auferstandenen Herrn unter uns. In der Freude darüber, dass der Herr zu uns gekommen ist, warten wir auf seine Zukunft in Herrlichkeit.

III. Die Übereinstimmung angesichts der Lehrverurteilungen der Reformationszeit

17 Die Gegensätze, die von der Reformationszeit an eine Kirchengemeinschaft zwischen den lutherischen und reformierten Kirchen unmöglich gemacht und zu gegenseitigen Verwerfungsurteilen geführt haben, betrafen die Abendmahlslehre, die Christologie und die Lehre von der Prädestination. Wir nehmen die Entscheidung der Väter ernst, können aber heute Folgendes gemeinsam dazu sagen:

1. Abendmahl

18 Im Abendmahl schenkt sich der auferstandene Jesus Christus in seinem für alle dahingegebenen Leib und Blut durch sein verheißendes Wort mit Brot und Wein. So gibt er sich selbst vorbehaltlos allen, die Brot und Wein empfangen; der Glaube empfängt das Mahl zum Heil, der Unglaube zum Gericht.

19 Die Gemeinschaft mit Jesus Christus in seinem Leib und Blut können wir nicht vom Akt des Essens und Trinkens trennen. Ein Interesse an der Art der Gegenwart Christi im Abendmahl, das von dieser Handlung absieht, läuft Gefahr, den Sinn des Abendmahls zu verdunkeln.

20 Wo solche Übereinstimmung zwischen Kirchen besteht, betreffen die Verwerfungen der reformatorischen Bekenntnisse nicht den Stand der Lehre dieser Kirchen.

2. Christologie

21 In dem wahren Menschen Jesus Christus hat sich der ewige Sohn und damit Gott selbst zum Heil in die verlorene Menschheit hineingegeben. Im Verheißungswort und Sakrament macht der Heilige Geist und damit Gott selbst uns Jesus als Gekreuzigten und Auferstandenen gegenwärtig.

22 Im Glauben an diese Selbsthingabe Gottes in seinem Sohn sehen wir uns angesichts der geschichtlichen Bedingtheit überkommener Denkformen vor die Aufgabe gestellt, neu zur Geltung zu bringen, was die reformierte Tradition in ihrem besonderen Interesse an der Unversehrtheit von Gottheit und Menschheit Jesu und was die lutherische Tradition in ihrem besonderen Interesse an seiner völligen Personeinheit geleitet hat.

23 Angesichts dieser Sachlage können wir heute die früheren Verwerfungen nicht nachvollziehen.

3. Prädestination

24 Im Evangelium wird die bedingungslose Annahme des sündigen Menschen durch Gott verheißen. Wer darauf vertraut, darf des Heils gewiss sein und Gottes Erwählung preisen. Über die Erwählung kann deshalb nur im Blick auf die Berufung zum Heil in Christus gesprochen werden.

25 Der Glaube macht zwar die Erfahrung, dass die Heilsbotschaft nicht von allen angenommen wird, er achtet jedoch das Geheimnis von Gottes Wirken. Er bezeugt zugleich den Ernst menschlicher Entscheidung wie die Realität des universalen Heilswillens Gottes. Das Christuszeugnis der Schrift verwehrt uns, einen ewigen Ratschluss Gottes zur definitiven Verwerfung gewisser Personen oder eines Volkes anzunehmen.

26 Wo solche Übereinstimmung zwischen Kirchen besteht, betreffen die Verwerfungen der reformatorischen Bekenntnisse nicht den Stand der Lehre dieser Kirchen.

4. Folgerungen

27 Wo diese Feststellungen anerkannt werden, betreffen die Verwerfungen der reformatorischen Bekenntnisse zum Abendmahl, zur Christologie und zur Prädestination den Stand der Lehre nicht. Damit werden die von den Vätern vollzogenen Verwerfungen nicht als unsachgemäß bezeichnet, sie sind jedoch kein Hindernis mehr für die Kirchengemeinschaft.

28 Zwischen unseren Kirchen bestehen beträchtliche Unterschiede in der Gestaltung des Gottesdienstes, in den Ausprägungen der Frömmigkeit und in den kirchlichen Ordnungen. Diese Unterschiede werden in den Gemeinden oft stärker empfunden als die überkommenen Lehrgegensätze. Dennoch vermögen wir nach dem Neuen Testament und den reformatorischen Kriterien der Kirchengemeinschaft in diesen Unterschieden keine kirchentrennenden Faktoren zu erblicken.

IV. Erklärung der Verwirklichung der Kirchengemeinschaft

29 Kirchengemeinschaft im Sinne dieser Konkordie bedeutet, dass Kirchen verschiedenen Bekenntnisstandes aufgrund der gewonnenen Übereinstimmung im Verständnis des Evangeliums einander Gemeinschaft an Wort und Sakrament gewähren und eine möglichst große Gemeinsamkeit in Zeugnis und Dienst an der Welt erstreben.

1. Erklärung der Kirchengemeinschaft

30 Mit der Zustimmung zu der Konkordie erklären die Kirchen in der Bindung an die sie verpflichtenden Bekenntnisse oder unter Berücksichtigung ihrer Traditionen:

31 a) Sie stimmen im Verständnis des Evangeliums, wie es in den Teilen II und III Ausdruck gefunden hat, überein.

32 b) Die in den Bekenntnisschriften ausgesprochenen Lehrverurteilungen betreffen entsprechend den Feststellungen des Teils III nicht den gegenwärtigen Stand der Lehre der zustimmenden Kirchen.

33 c) Sie gewähren einander Kanzel- und Abendmahlsgemeinschaft. Das schließt die gegenseitige Anerkennung der Ordination und die Ermöglichung der Interzelebration ein.

34 Mit diesen Feststellungen ist Kirchengemeinschaft erklärt. Die dieser Gemeinschaft seit dem 16. Jahrhundert entgegenstehenden Trennungen sind aufgehoben. Die beteiligten Kirchen sind der Überzeugung, dass sie gemeinsam an der einen Kirche Jesu Christi teilhaben und dass der Herr sie zum gemeinsamen Dienst befreit und verpflichtet.

2. Verwirklichung der Kirchengemeinschaft

35 Die Kirchengemeinschaft verwirklicht sich im Leben der Kirchen und Gemeinden. Im Glauben an die einigende Kraft des Heiligen Geistes richten sie ihr Zeugnis und ihren Dienst gemeinsam aus und bemühen sich um die Stärkung und Vertiefung der gewonnenen Gemeinschaft.

36 a) *Zeugnis und Dienst* Die Verkündigung der Kirchen gewinnt in der Welt an Glaubwürdigkeit, wenn sie das Evangelium in Einmütigkeit bezeugen. Das Evangelium befreit und verbindet die Kirchen zum gemeinsamen Dienst. Als Dienst der Liebe gilt er dem Menschen mit seinen Nöten und sucht deren Ursachen zu beheben. Die Bemühung um Gerechtigkeit und Frieden in der Welt verlangt von den Kirchen zunehmend die Übernahme gemeinsamer Verantwortung.

37 b) *Theologische Weiterarbeit* Die Konkordie lässt die verpflichtende Geltung der Bekenntnisse in den betei-

77

ligten Kirchen bestehen. Sie versteht sich nicht als ein neues Bekenntnis. Sie stellt eine im Zentralen gewonnene Übereinstimmung dar, die Kirchengemeinschaft zwischen Kirchen verschiedenen Bekenntnisstandes ermöglicht. Die beteiligten Kirchen lassen sich bei der gemeinsamen Ausrichtung von Zeugnis und Dienst von dieser Übereinstimmung leiten und verpflichten sich zu kontinuierlichen Lehrgesprächen untereinander.

38 Das gemeinsame Verständnis des Evangeliums, auf dem die Kirchengemeinschaft beruht, muss weiter vertieft, am Zeugnis der Heiligen Schrift geprüft und ständig aktualisiert werden.

39 Es ist Aufgabe der Kirchen, an Lehrunterschieden, die in und zwischen den beteiligten Kirchen bestehen, ohne als kirchentrennend zu gelten, weiterzuarbeiten. Dazu gehören:
hermeneutische Fragen im Verständnis der Schrift, Bekenntnis und Kirche,
Verhältnis von Gesetz und Evangelium,
Taufpraxis,
Amt und Ordination,
Zwei-Reiche-Lehre und Lehre von der Königsherrschaft Jesu Christi,
Kirche und Gesellschaft.
Zugleich sind auch Probleme aufzunehmen, die sich im Hinblick auf Zeugnis und Dienst, Ordnung und Praxis neu ergeben.

40 Aufgrund ihres gemeinsamen Erbes müssen die reformatorischen Kirchen sich mit den Tendenzen theologischer Polarisierung auseinandersetzen, die sich gegenwärtig abzeichnen. Die damit verbundenen Probleme greifen zum Teil weiter als die Lehrdifferenzen, die einmal den lutherisch-reformierten Gegensatz begründet haben.

41 Es wird Aufgabe der gemeinsamen theologischen Arbeit sein, die Wahrheit des Evangeliums gegenüber Entstellungen zu bezeugen und abzugrenzen.

42 *c) Organisatorische Folgerungen* Durch die Erklärung der Kirchengemeinschaft werden kirchenrechtliche Regelungen von Einzelfragen zwischen den Kirchen und innerhalb der Kirchen nicht vorweggenommen. Die Kirchen werden jedoch bei diesen Regelungen die Konkordie berücksichtigen.

43 Allein gilt, dass die Erklärung der Kanzel- und Abendmahlsgemeinschaft und die gegenseitige Anerkennung der Ordination die in den Kirchen geltenden Bestimmungen für die Anstellung im Pfarramt, die Ausübung des pfarramtlichen Dienstes und die Ordnungen des Gemeindelebens nicht beeinträchtigen.

44 Die Frage eines organisatorischen Zusammenschlusses einzelner beteiligter Kirchen kann nur in der Situation entschieden werden, in der diese Kir-

chen leben. Bei der Prüfung dieser Frage sollten folgende Gesichtspunkte beachtet werden:

45 Eine Vereinheitlichung, die die lebendige Vielfalt der Verkündigungsweisen, des gottesdienstlichen Lebens, der kirchlichen Ordnung und der diakonischen wie gesellschaftlichen Tätigkeit beeinträchtigt, würde dem Wesen der mit dieser Erklärung eingegangenen Kirchengemeinschaft widersprechen. Andererseits kann aber in bestimmten Situationen der Dienst der Kirche um des Sachzusammenhanges von Zeugnis und Ordnung willen rechtliche Zusammenschlüsse nahe legen. Werden organisatorische Konsequenzen aus der Erklärung der Kirchengemeinschaft gezogen, so darf die Entscheidungsfreiheit der Minoritätskirchen nicht beeinträchtigt werden.

46 d) Ökumenische Aspekte Indem die beteiligten Kirchen unter sich Kirchengemeinschaft erklären und verwirklichen, handeln sie aus der Verpflichtung heraus, der ökumenischen Gemeinschaft aller christlichen Kirchen zu dienen.

47 Sie verstehen eine solche Kirchengemeinschaft im europäischen Raum als einen Beitrag auf dieses Ziel hin. Sie erwarten, dass die Überwindung ihrer bisherigen Trennung sich auf die ihnen konfessionell verwandten Kirchen in Europa und in anderen Kontinenten auswirken wird, und sind bereit, mit ihnen zu-

sammen die Möglichkeit von Kirchengemeinschaft zu erwägen.

48 Diese Erwartung gilt ebenfalls für das Verhältnis des Lutherischen Weltbundes und des Reformierten Weltbundes zueinander.

49 Ebenso hoffen sie, dass die Kirchengemeinschaft der Begegnung und Zusammenarbeit mit Kirchen anderer Konfessionen einen neuen Anstoß geben wird. Sie erklären sich bereit, die Lehrgespräche in diesen weiteren Horizont zu stellen.

III. Glauben in der Zeit der Bedrängung

EIN GLAUBENSZEUGNIS DIETRICH BONHOEFFERS

Dietrich Bonhoeffer (1906–1945) war evangelischer Theologe und Pfarrer. Seit 1935 leitete er das Predigerseminar der Bekennenden Kirche in Finkenwalde bei Berlin. Nachdem das Predigerseminar 1940 aufgelöst wurde, erhielt Bonhoeffer Rede- und Schreibverbot. Bonhoeffer schloss sich danach der politischen Widerstandbewegung an und wurde im April 1943 verhaftet. In den letzten Kriegstagen wurde er im KZ Flossenbürg ermordet (9. April 1945).
Bonhoeffers Briefe und Aufzeichnungen aus der Haft hat Eberhard Bethge in dem Buch »Widerstand und Ergebung« gesammelt, das nach 1945 große Verbreitung fand und in viele Sprachen übersetzt wurde. Das folgende Glaubenszeugnis Dietrich Bonhoeffers entstand zum Jahreswechsel 1942/43. Es ist überschrieben mit: »Einige Glaubenssätze über das Walten Gottes in der Geschichte«.

Ich glaube, dass Gott aus allem, auch aus dem Bösesten, Gutes entstehen lassen kann und will. Dafür braucht er Menschen, die sich alle Dinge zum Besten dienen lassen.

Ich glaube, dass Gott uns in jeder Notlage soviel Widerstandskraft geben will, wie wir brauchen. Aber er gibt sie nicht im voraus, damit wir uns nicht auf uns selbst, sondern allein auf ihn verlassen. In solchem Glauben müsste alle Angst vor der Zukunft überwunden sein.

Ich glaube, dass auch unsere Fehler und Irrtümer nicht vergeblich sind, und dass es Gott nicht schwerer ist, mit ihnen fertig zu werden, als mit unseren vermeintlichen Guttaten.

Ich glaube, dass Gott kein zeitloses Fatum ist, sondern dass er auf aufrichtige Gebete und verantwortliche Taten wartet und antwortet.

DIE STUTTGARTER SCHULDERKLÄRUNG

Nach dem Zusammenbruch der nationalsozialistischen Herrschaft und der Nullpunktsituation des Kriegsendes wurde als Neuanfang im August 1945 bei der Kirchenversammlung in Treysa (Hessen) der Zusammenschluss der »Evangelischen Kirche in Deutschland« (EKD) beschlossen. Die Stuttgarter Schulderklärung vom Oktober 1945 ermöglichte weitere Schritte des Aufbaus. Sie suchte ungelöste Fragen der unmittelbaren Vergangenheit anzusprechen und den Zugang zur weltweiten Ökumene zu öffnen.
Der Rat der Evangelischen Kirche in Deutschland begrüßt bei seiner Sitzung am 18./19. Oktober 1945 in Stuttgart Vertreter des ökumenischen Rates der Kirchen.

Wir sind für diesen Besuch umso dankbarer, als wir uns mit unserem Volk nicht nur in einer großen Gemeinschaft der Leiden wissen, sondern auch in einer Solidarität der Schuld.

Mit großem Schmerz sagen wir: Durch uns ist unendliches Leid über viele Völker und Länder gebracht worden. Was wir unseren Gemeinden oft bezeugt haben, das sprechen wir jetzt im Namen der ganzen Kirche aus: Wohl haben wir lange Jahre hindurch im Namen Jesu Christi gegen den Geist gekämpft, der im nationalsozialistischen Gewaltregiment seinen furchtbaren Ausdruck gefunden hat; aber wir klagen uns an, dass wir nicht mutiger bekannt, nicht treuer gebetet, nicht fröhlicher geglaubt und nicht brennender geliebt haben.

Nun soll in unseren Kirchen ein neuer Anfang gemacht werden. Gegründet auf die Heilige Schrift, mit ganzem Ernst ausgerichtet auf den alleinigen Herrn der Kirche, gehen sie daran, sich von glaubensfremden Einflüssen zu reinigen und sich selber zu ordnen. Wir hoffen zu dem Gott der Gnade und Barmherzigkeit, dass er unsere Kirchen als sein Werkzeug brauchen und ihnen Vollmacht geben wird, sein Wort zu verkündigen und seinem Willen Gehorsam zu schaffen bei uns selbst und bei unserem ganzen Volk.

Dass wir uns bei diesem neuen Anfang mit den anderen Kirchen der ökumenischen Gemeinschaft herzlich verbunden wissen dürfen, erfüllt uns mit tiefer Freude.

Wir hoffen zu Gott, dass durch den gemeinsamen Dienst der Kirchen dem Geist der Gewalt und der Vergeltung, der heute von neuem mächtig werden will, in aller Welt gesteuert werde und der Geist des Friedens und der Liebe zur Herrschaft komme, in dem allein die gequälte Menschheit Genesung finden kann.
So bitten wir in einer Stunde, in der die ganze Welt einen neuen Anfang braucht: Veni creator Spiritus! (Komm, Schöpfer Geist!)

IV. Gebete

DAS VATERUNSER

Das Grundgebet der Christenheit ist das Vaterunser.
Jesus selbst hat es seine Jünger gelehrt. (Mt 6,5–13;
Lk 11,1–4)

Vater unser (Unser Vater) im Himmel.
Geheiligt werde dein Name.
Dein Reich komme.
Dein Wille geschehe, wie im Himmel, so auf Erden.
Unser tägliches Brot gib uns heute.
Und vergib uns unsere Schuld,
wie auch wir vergeben unseren Schuldigern.
Und führe uns nicht in Versuchung,
sondern erlöse uns von dem Bösen.
Denn dein ist das Reich und die Kraft
Und die Herrlichkeit in Ewigkeit Amen.

BEICHTGEBETE

Allmächtiger Gott, barmherziger Vater!
Ich armer, elender, sündiger Mensch
bekenne dir alle meine Sünde und Missetat,
die ich begangen mit Gedanken, Worten und
Werken,
womit ich dich erzürnt und deine Strafe zeitlich und
ewiglich verdient habe.

Sie sind mir aber alle herzlich leid und reuen mich
sehr,
und ich bitte dich um deiner grundlosen
Barmherzigkeit
und um des unschuldigen, bitteren Leidens und
Sterbens deines lieben Sohnes Jesus Christus willen,
du wollest mir armem sündhaftem Menschen
gnädig und barmherzig sein,
mir alle meine Sünden vergeben
und zu meiner Besserung deines Geistes Kraft
verleihen.

$- * * * -$

Herr, im Lichte deiner Wahrheit erkenne ich,
dass ich gesündigt habe in Gedanken, Worten und
Werken.
Dich soll ich über alles lieben, meinen Gott und
Heiland;
aber ich habe mich selber mehr geliebt als dich.
Du hast mich in deinen Dienst gerufen;
aber ich habe die Zeit vertan, die du mir anvertraut
hast.
Du hast mir meinen Nächsten gegeben, ihn zu
lieben wie mich selbst;
aber ich erkenne, wie ich versagt habe in Selbstsucht
und Trägheit des Herzens,
Darum komme ich zu dir und bekenne meine Schuld.
Richte mich, mein Gott, aber verwirf mich nicht.
Ich weiß keine andere Zuflucht als dein unergründ-
liches Erbarmen.

Ich bekenne vor dir, mein Gott:
Ich vergesse dich oft.
Oft glaube ich nicht, dass du mich siehst.
Ich höre nicht, wenn du mich rufst.
Vor deinem Urteil kann ich nicht bestehen.
Darum bitte ich dich: Gott, sei mir Sünder gnädig.

Ich bekenne vor dir, mein Gott:
Ich bin nicht so, wie du mich haben willst.
Ich täusche andere.
Ich denke schlecht von anderen und rede über sie.
Ich übersehe ihre Not und drücke mich, wo ich helfen sollte.
Darum bitte ich dich: Gott, sei mir Sünder gnädig.

Ich bitte dich, mein Gott:
Lass mein Leben nicht verderben, bringe es zurecht.
Richte mich auf, wenn ich den Mut verliere.
Rette mich, wenn ich verzweifle.
Hilf mir, deiner Gnade zu vertrauen.

− ✳ ✳ ✳ −

Vater im Himmel,
du weißt, was mein Gewissen belastet:
(Stille)
Es tut mir leid.
Verzeih mir und hilf mir, Schaden nach Kräften
wieder gutzumachen und mich zu bessern.

TAGESGEBETE

Morgen

Martin Luthers Morgensegen

Des Morgens, wenn du aufstehst, kannst du dich segnen mit dem Zeichen des heiligen Kreuzes und sagen: Das walte Gott Vater, Sohn und Heiliger Geist! Amen. Darauf kniend oder stehend das Glaubensbekenntnis und das Vaterunser. Willst du, so kannst du dies Gebet dazu sprechen:

Ich danke dir, mein himmlischer Vater, durch Jesus Christus, deinen lieben Sohn, dass du mich diese Nacht vor allem Schaden und Gefahr behütet hast, und bitte dich, du wollest mich diesen Tag auch behüten vor Sünden und allem Übel, dass dir all mein Tun und Leben gefalle.
Denn ich befehle mich, meinen Leib und Seele und alles in deine Hände.
Dein heiliger Engel sei mit mir, dass der böse Feind keine Macht an mir finde.

Alsdann mit Freuden an dein Werk gegangen und etwa ein Lied gesungen oder was dir deine Andacht eingibt.

Gebete für Gefangene (Dietrich Bonhoeffer)
– Weihnachten 1943 –

Morgengebet

Gott, zu dir rufe ich am frühen Morgen
hilf mir beten und meine Gedanken sammeln;
ich kann es nicht allein.

In mir ist es finster, aber bei dir ist Licht
ich bin einsam, aber du verlässt mich nicht
ich bin kleinmütig, aber bei dir ist die Hilfe
ich bin unruhig, aber bei dir ist Frieden
in mir ist Bitterkeit, aber bei dir ist die Geduld
ich verstehe deine Wege nicht, aber du weißt [den]
rechten Weg für mich.

Vater im Himmel,
Lob und Dank sei dir für die Ruhe der Nacht
Lob und Dank sei dir für den neuen Tag
Lob und Dank sei dir für alle deine Güte und Treue
in meinem vergangenen Leben.
Du hast mir viel Gutes erwiesen,
lass mich nun auch das Schwere aus deiner Hand
hinnehmen.
Du wirst mir nicht mehr auferlegen, als ich tragen
kann.
Du lässt deinen Kindern alle Dinge zum besten
dienen.

Herr Jesus Christus,
du warst arm und elend, gefangen und verlassen wie
ich.
Du kennst alle Not der Menschen,
du bleibst bei mir, wenn kein Mensch mir beisteht
du vergisst mich nicht und suchst mich,
du willst, dass ich dich erkenne und mich zu dir
kehre
Herr, ich höre deinen Ruf und folge.
Hilf mir!

Heiliger Geist,
gib mir den Glauben,
der mich vor Verzweiflung und Laster rettet
Gib mir die Liebe zu Gott und den Menschen,
die allen Hass und alle Bitterkeit vertilgt,
gib mir die Hoffnung,
die mich befreit von Furcht und Verzagtheit.
Lehre mich Jesus Christus erkennen und seinen
Willen tun.

Dreieiniger Gott,
mein Schöpfer und mein Heiland,
dir gehört dieser Tag. Meine Zeit steht in deinen
Händen.
Heiliger, barmherziger Gott
mein Schöpfer und mein Heiland
mein Richter und mein Erretter
du kennst mich und alle meine Wege und Tun.

Du hasst und strafst das Böse in dieser und in jener
Welt
ohne Ansehen der Person,
du vergibst Sünden,
dem der dich aufrichtig darum bittet
und du liebst das Gute und lohnst es
auf dieser Erde mit getrostem Gewissen
und in der künftigen Welt mit der Krone der
Gerechtigkeit.
Vor dir denke ich an all die Meinen,
an die Mitgefangenen und an alle
die in diesem Haus ihren schweren Dienst tun.
Herr, erbarme dich
Schenk mir die Freiheit wieder,
und lass mich derzeit so leben,
wie ich es vor [dir] und vor den Menschen verant-
worten kann.
Herr, was dieser Tag auch bringt – dein Name sei
gelobt.

Weitere Morgengebete

Herr, unser Gott, wir danken dir für die Ruhe der
Nacht und für das Licht dieses neuen Tages.
Lass uns bereit sein, dir zu dienen.
Lass uns wach sein für dein Gebot.
Sei mit uns in allen Stunden dieses Tages.

— * * * —

Schöpfer des Lichts, Sonne meines Lebens,
ich danke dir für diesen neuen Tag.
Hilf mir, deinen Willen zu erkennen und zu tun.
Gib mir Kraft für die Aufgaben, die mir gestellt sind.
Gib mir Mut für die Schritte, die ich tun muss.
Gib mir Liebe zu den Menschen, die mir begegnen.
Lass mich erfahren, dass du mir nahe bist in allem,
was heute geschieht.

— * * * —

Mit dir, Herr, will ich den neuen Tag beginnen.
Du lässt mich gestärkt aufstehen. Ich danke dir.
Begleite mich und schütze meine Lieben.
Ich freue mich auf diesen Tag und will mich über-
raschen lassen.
Lass mir gelingen, was ich vorhabe.
Richte meinen Sinn nach deinem Willen aus.
Hilf mir, in jedem Menschen, dem ich begegnen
werde, den Nächsten zu sehen, den du liebst.
Lass mich in deiner Liebe bleiben, gib mir Aufmerk-
samkeit, Kraft und Geduld dazu.

— * * * —

Herr, Gott Vater, ich preise dich. Du hast die Welt
erschaffen, du bist der Herr meines Lebens, du bist
der Herr der Zeit. Ich danke dir für die Ruhe der
Nacht und das Licht des neuen Tages. Leib und Seele
sind dein. Von dir ist alles, was geschieht.

Herr, Jesus Christus, du bist das Licht der Welt, das mich erleuchtet. Du bist die Wahrheit, die mich leitet, du bist das Leben, nach dem ich verlange. Bewahre mich in deiner Liebe. Gib mir Geduld und Gelassenheit.

Herr, Heiliger Geist, wecke meine Sinne und Gedanken, gib mir Phantasie und Klarheit, ein waches Gewissen, das rechte helfende Wort und das sorgsame Tun, dass ich etwas Nützliches schaffe und dieser Tag nicht verloren ist.

Herr, Dreieiniger Gott, was du mir schickst, will ich annehmen, Erfolg und Misserfolg, Freude und Mühsal. Ich bitte dich für alle, die diesen Tag mit Sorge beginnen, mit Angst oder Schmerzen. Begleite uns, schütze uns, bewahre uns. Ich danke dir für diesen neuen Tag.

Mittag

An vielen Orten ist das Mittagsläuten üblich. Es ruft zum Gebet. Viele Christen verbinden damit die Bitte um den Frieden. Die Mittags- und Friedensgebete können mit dem Lied »Verleih uns Frieden gnädiglich« (EG 421) oder einem anderen Lied beschlossen werden.

Das walte Gott Vater, Sohn und Heiliger Geist. Amen. Du Geber aller guten Gaben, dich preisen wir für alle deine Wohltaten und bitten dich: erhalte uns durch deine Güte, dass wir dir allezeit vertrauen und deinen Namen bekennen.

Auf der Höhe des Tages halten wir inne.
Lasset uns Herzen und Hände erheben zu Gott, der
unseres Lebens Mitte ist:
Herr, unser Gott,
lass uns vor dir stehen mitten im Tagwerk,
gib uns den Mut und die Kraft,
dass wir das Eine suchen, dass wir tun, was not ist,
lass uns wandeln vor deinen Augen.

– * * * –

Gott, gib mir die Gelassenheit, Dinge hinzunehmen,
die ich nicht ändern kann,
gib mir den Mut, Dinge zu ändern, die ich ändern
kann,
und gib mir die Weisheit, das eine von dem andern
zu unterscheiden.

– * * * –

Verleihe, Herr, dass Arbeit und Ruhe dieses Tages
aus deinem Wort ihr Leben empfangen, dass wir in
Christus bleiben und dein Geist uns durchdringe.

– * * * –

Mein Herr und mein Gott,
nimm von mir, was mich trennt von dir,
Mein Herr und mein Gott,
gib mir, was mich führt zu dir.

Mein Herr und mein Gott, nimm mich mir und gib mich ganz zu eigen dir.

Abend

Martin Luthers Abendsegen

Des Abends, wenn du zu Bett gehst, kannst du dich segnen mit dem Zeichen des heiligen Kreuzes und sagen: Das walte Gott Vater, Sohn und Heiliger Geist! Amen.

Darauf kniend oder stehend das Glaubensbekenntnis und das Vaterunser. Willst du, so kannst du dies Gebet dazu sprechen:

Ich danke dir, mein himmlischer Vater, durch Jesus Christus, deinen lieben Sohn, dass du mich diesen Tag gnädiglich behütet hast,
und bitte dich, du wollest mir vergeben alle meine Sünde, wo ich unrecht getan habe, und mich diese Nacht auch gnädiglich behüten.
Denn ich befehle mich, meinen Leib und Seele und alles in deine Hände.
Dein heiliger Engel sei mit mir, dass der böse Feind keine Macht an mir finde.

Alsdann flugs und fröhlich geschlafen.

Abendgebet (Dietrich Bonhoeffer)

Herr mein Gott,
ich danke dir, dass du diesen Tag zu Ende gebracht
hast.
ich danke dir, dass du Leib und Seele zur Ruhe
kommen lässt
Deine Hand war über mir und hat mich behütet und
bewahrt.
Vergib allen Kleinglauben und alles Unrecht dieses
Tages
und hilf dass ich gern denen vergebe,
die mir unrecht getan haben
Lass mich in Frieden unter deinem Schutze schlafen
und bewahre mich vor den Anfechtungen der
Finsternis.
Ich befehle dir die Meinen,
ich befehle dir dieses Haus,
ich befehle dir meinen Leib und meine Seele
Gott, dein heiliger Name sei gelobt.
Amen.

Weitere Abendgebete

Unser Abendgebet steige auf zu dir, Herr,
und es senke sich auf uns herab dein Erbarmen.
Dein ist der Tag, und dein ist die Nacht.
Lass, wenn des Tages Schein vergeht, das Licht
deiner Wahrheit uns leuchten.
Geleite uns zur Ruhe der Nacht und vollende dein
Werk an uns in Ewigkeit.

Bleibe bei uns, Herr, denn es will Abend werden,
und der Tag hat sich geneigt.
Bleibe bei uns und bei deiner ganzen Kirche.
Bleibe bei uns am Abend des Tages,
am Abend des Lebens, am Abend der Welt.
Bleibe bei uns mit deiner Gnade und Güte,
mit deinem heiligen Wort und Sakrament, mit
deinem Trost und Segen.
Bleibe bei uns, wenn über uns kommt die Nacht der
Trübsal und Angst,
die Nacht des Zweifels und der Anfechtung, die
Nacht des bitteren Todes.
Bleibe bei uns und allen deinen Gläubigen in Zeit
und Ewigkeit.

— * * * —

Herr, lehre mich beten.
Lass mich immer wieder anfangen, dich zu suchen
und mit dir zu reden.
Ich will das Gespräch mit dir nicht abreißen lassen.
Ich möchte nicht einsam bleiben.
Ich weiß nicht, wie ich mit dir reden soll; doch du
verstehst, was ich sagen wollte.
Du kennst meine Gedanken.
Herr, lehre mich beten.

— * * * —

98

Vater, ich danke dir für diesen Tag:
du hast mein Leben erhalten,
du hast für mich gesorgt und meine Arbeit gelingen
lassen.

— * * * —

Ich bitte dich um Vergebung, wo ich Unrecht getan
habe,
wo ich nachlässig war und Wichtiges versäumt habe.
Vergib mir auch, wo ich an Menschen vorübergegan-
gen bin, die vielleicht auf mich gewartet haben.
Ich bitte dich für die Menschen, mit denen ich arbeite
und lebe und für alle, die meine Fürbitte brauchen.

— * * * —

Herr, schenke mir eine ruhige Nacht und einen
guten Schlaf.
Gib mir morgen neue Kraft für alles, was ich tun soll.

— * * * —

Eine ruhige Nacht und ein seliges Ende verleihe uns
der Herr, der Allmächtige. Amen.
In deine Hände befehle ich meinen Geist.
Du hast mich erlöst, Herr, du treuer Gott.

— * * * —

Bewahre uns, o Herr, wenn wir wachen;
behüte uns, wenn wir schlafen:
auf dass wir wachen mit Christus und ruhen in
Frieden.
Es segne und behüte uns der allmächtige und
barmherzige Gott, Vater, Sohn und Heiliger Geist.

TISCHGEBETE

Schmecket und sehet, wie freundlich der Herr ist.
Wohl dem, der auf ihn trauet. (Ps 34,9)

$-***-$

Lobe den Herrn, meine Seele, und was in mir ist,
seinen heiligen Namen!
Lobe den Herrn, meine Seele, und vergiss nicht,
was er dir Gutes getan hat. (Ps 103,1–2)

$-***-$

Nun danket alle Gott,
der große Dinge tut an allen Enden.
Der uns von Mutterleib an lebendig erhält und uns
alles Gute tut.
Er gebe uns ein fröhliches Herz und verleihe immerdar Frieden. (Sir 50,24–25)

Vor dem Essen

Aller Augen warten auf dich, Herr,
und du gibst ihnen ihre Speise zur rechten Zeit,
du tust deine Hand auf und sättigst alles, was lebt,
nach deinem Wohlgefallen. (Ps 145,15–16)

— * * * —

Herr Gott, himmlischer Vater,
segne uns und diese deine Gaben,
die wir von deiner milden Güte zu uns nehmen,
durch Jesus Christus, unsern Herrn.

— * * * —

Vater, segne diese Speise, uns zur Kraft und dir zum
Preise.

— * * * —

Zwei Dinge, Herr, sind Not,
die gib nach deiner Huld: Gib uns das täglich Brot,
vergib uns unsre Schuld.

— * * * —

Komm, Herr Jesus, sei unser Gast,
und segne, was du uns bescheret hast.

— * * * —

Von deiner Gnade leben wir,
und was wir haben, kommt von dir.
Drum sagen wir dir Dank und Preis,
tritt segnend ein in unsern Kreis.

— * * * —

Herr, segne unser täglich Brot,
so sind wir wohl geborgen.
Hilf allen Menschen in der Not
und allen, die sich sorgen.

— * * * —

Herr, wir wollen bei dem Essen
nicht die Hungernden vergessen,
Hilf, dass wir auf dieser Erden
Boten deiner Liebe werden.

— * * * —

Wir danken dir, himmlischer Vater, dass du uns
nährst an Leib und Seele.
Gib, dass wir mit all unseren Kräften dir dienen und
die Menschen nicht vergessen, die Hunger und Not
leiden.

— * * * —

Herr, unser Gott, du gibst der Welt das Leben:
Segne diese Mahlzeit.
Gib uns Liebe untereinander und den Geist der Dankbarkeit.

— * * * —

Gelobt seist du, o Herr,
der uns nährt von Jugend auf:
Gib Speise allem, was lebt,
und erfülle unsere Herzen mit Freude und Jubel
durch Christus, unsern Herrn.

— * * * —

Gelobt seist du, Ewiger, unser Gott, König der Welt,
der du die ganze Welt in deiner Güte speisest mit
Gunst, Gnade und Barmherzigkeit,
du gibst Brot allem Fleisch, denn ewig währet deine
Gnade.

— * * * —

Herr, segne uns und deine Gaben,
die wir von deiner Güte empfangen.
Mach uns zu Tischgenossen in deinem Reich,
du König der ewigen Herrlichkeit.

— * * * —

Wir wollen danken für unser Brot.
Wir wollen helfen in aller Not.
Wir wollen schaffen, die Kraft gibst du.
Wir wollen lieben, Herr, hilf dazu.

Nach dem Essen

Danket dem Herrn, denn er ist freundlich,
und seine Güte währet ewiglich. (Ps 107,1)

— ✳ ✳ ✳ —

Wir danken dir, Herr Gott Vater, durch Jesus
Christus, unsern Herrn, für alle deine Wohltat,
der du lebst und regierst in Ewigkeit.

— ✳ ✳ ✳ —

Herr, dein Name sei geehret,
dass du uns das Brot bescheret,
dass dem Leib du wohlgetan.
Nimm dich unsrer Seele an.
Zeitlich Brot hast du gegeben:
Gib uns auch das ewge Leben.

— ✳ ✳ ✳ —

Dir sei, o Gott, für Speis und Trank,
für alles Gute Lob und Dank.
Du gabst, du willst auch künftig geben.
Dich preise unser ganzes Leben.

— * * * —

Wir danken dir, Herr Jesus Christ,
dass du unser Gast gewesen bist.
Bleib du bei uns, so hat's nicht Not,
du bist das wahre Lebensbrot.

— * * * —

Alle guten Gaben,
alles, was wir haben,
kommt, o Gott, von dir.
Dank sei dir dafür.

— * * * —

Ehre sei dir, Herr, um deiner Güte willen.
Hilf uns, mit Nahrung zu versorgen,
die nichts zu essen haben.
Bewahre uns in Frieden
und lass unsere Herzen dir allezeit lobsingen.

GEBETE ZU BESONDEREN ANLÄSSEN

Gebete zur Taufe und Konfirmation

Pate/Patin – Gott, du bist wie Vater und Mutter.
Du hast mir dieses Patenkind anvertraut.
Behüte es, behüte seine Eltern.
Lass es fröhlich und geborgen aufwachsen.
Zeige mir, wo ich gebraucht werde, um Vertrauen zu stiften und Halt zu geben.
Ich möchte meinem Patenkind zeigen, was das Leben gut und reich macht:
Liebe üben und Frieden halten, verzeihen und vertrauen.
Das hat Jesus, dein Sohn, vorgelebt.
Hilf mir dazu, mein Gott.

Täufling/Konfirmand(in) – Herr Jesus Christus, du hast mich gerufen, und ich habe mich entschieden.
Darüber bin ich froh.
Du befreist von den Mächten, die zu Irrtum und Lüge verführen.
Ich bekenne mich zu dir.
Du sollst mein Leben bestimmen.
Gib mir Mut und Ausdauer, dir nachzufolgen.
Und wenn ich versage, so hilf mir.

– ∗ ∗ ∗ –

Herr, ich möchte vieles sehen und erleben.
Manchmal habe ich Angst, dass ich zu kurz komme,
dass ich mein Leben nicht so leben kann, wie ich es
gerne möchte.
Die Älteren verstehen mich oft nicht. Sie nehmen
mich nicht ernst.
Ich brauche jemanden, dem ich mich anvertrauen
kann.
Herr, lass mich nicht allein.
Gib mir Freunde, mit denen ich reden kann,
Menschen, die zu mir halten.
Hilf, dass ich etwas finde, für das es sich zu leben
lohnt.
Ich weiß, dass ich Fehler mache.
Bewahre mich davor, in eine Sackgasse zu geraten.
Führe du mich weiter, Herr.

$- * * * -$

Ich brauche Mut und Kraft zum Leben.
Ich brauche auch den Glauben.
Wenn ich den nicht habe: welchen Sinn hat dann
alles und woran soll ich mich halten?
Ich bitte dich, Gott:
Lass mich spüren, dass du bei mir bist.
Hilf mir, dir zu vertrauen und auf dich zu hören.
Hilf mir zu finden, was für mich gut ist.
Gib mir und den anderen eine Gemeinde, in der wir
uns zu Hause fühlen können.
Zeige mir den Weg und halte mich fest.

Geburtstag

Lieber Vater im Himmel!
Du hast mir das Leben geschenkt,
du schenkst mir auch diesen Tag.
Ich danke dir für das vergangene Lebensjahr.
Du hast mich reicher gemacht durch Begegnungen
und Erfahrungen.
In den Zeiten der Angst hast du mir beigestanden.
Ich bitte dich:
Begleite mich mit deiner Freundlichkeit im
kommenden Lebensjahr.
Lass mich Menschen finden, die mich verstehen,
und zeige mir Menschen, die mich brauchen.
Gib mir Mut und Hoffnung.

Urlaub und Reise

Den Weg des Friedens führe uns der allmächtige
und barmherzige Herr.
Sein Engel geleite uns auf dem Weg, dass wir wohl-
behalten heimkehren in Frieden und Freude.

Reisesegen

Der Herr sei vor dir, um dir den rechten Weg zu
zeigen.
Der Herr sei neben dir, um dich in die Arme zu und
dich zu schützen.
Der Herr sei hinter dir, um dich zu bewahren vor der
Heimtücke böser Menschen.

Der Herr sei unter dir, um dich aufzufangen, wenn
du fällst, und dich aus der Schlinge zu ziehen.
Der Herr sei in dir, um dich zu trösten, wenn du
traurig bist.
Der Herr sei um dich herum, um dich zu ver-
teidigen, wenn andere über dich herfallen.
Der Herr sei über dir, um dich zu segnen.
So segne dich der gütige Gott.

Herr, am Beginn meiner Fahrt bitte ich dich:
Sei mir nahe und umgib mich mit deinem Schutz.
Bewahre mich davor, das ich andere oder mich selbst
in Gefahr bringe.
Schenke mir Umsicht und Geistesgegenwart.
Führe mich sicher ans Ziel.

Gebete um Frieden und Bewahrung der Schöpfung

Herr, mach mich zu einem Werkzeug deines
Friedens,
dass ich Liebe übe, wo man sich hasst,
dass ich verzeihe, wo man sich beleidigt,
dass ich verbinde, da, wo Streit ist,
dass ich die Wahrheit sage, wo der Irrtum herrscht,
dass ich den Glauben bringe, wo der Zweifel drückt,
dass ich die Hoffnung wecke, wo Verzweiflung quält,
dass ich ein Licht anzünde, wo die Finsternis regiert,
dass ich Freude mache, wo der Kummer wohnt.

Herr, lass du mich trachten:
nicht, dass ich getröstet werde, sondern dass ich tröste;
nicht, dass ich verstanden werde, sondern dass ich verstehe;
nicht, dass ich geliebt werde, sondern dass ich liebe.

Denn wer da hingibt, der empfängt;
wer sich selbst vergisst, der findet;
wer verzeiht, dem wird verziehen;
und wer stirbt, erwacht zum ewigen Leben.

— * * * —

Herr, unser Gott!
Auch dieser Tag ist belastet mit Unfrieden.
(Hier können Beispiele eingefügt werden.)
Wir tragen selbst dazu bei, dass Angst, Vergeltung und Gewalt von neuem mächtig werden.
Wir bitten:
lass uns mutiger bekennen, treuer beten, fröhlicher glauben, brennender lieben;
Herr, schenke uns einen neuen Anfang
und gib der Welt deinen Frieden.
Ohne dich können wir nichts tun.
Herr, erhöre uns! (Stille)
Verleih uns Frieden gnädiglich.
Du bist unser Friede.
Dieser Tag steht in deinen Händen.

— * * * —

Wir danken dir, allmächtiger Gott, dass du in Jesus
Christus mit uns Frieden geschlossen hast.
Wir bitten dich um deine Barmherzigkeit, dass wir
untereinander Frieden halten und in unserer Welt
der Versöhnung dienen, damit alle Menschen deine
Liebe erfahren.
Wir bitten dich durch Jesus Christus, unsern Herrn.

– * * * –

Wir alle haben gesündigt und mangeln des Ruhmes,
den wir bei Gott haben sollten.
Darum lasst uns beten:
Vater, vergib!
Den Hass, der Rasse von Rasse trennt, Volk von Volk,
Klasse von Klasse:
Vater, vergib!
Das habsüchtige Streben der Menschen und Völker,
zu besitzen, was nicht ihr eigen ist:
Vater, vergib!
Die Besitzgier, die die Arbeit der Menschen ausnutzt
und die Erde verwüstet:
Vater, vergib!
Unseren Neid auf das Wohlergehen und Glück der
anderen:
Vater, vergib!
Unsere mangelnde Teilnahme an der Not der
Heimatlosen und Flüchtlinge:
Vater, vergib!

Den Rausch, der Leib und Leben zugrunde richtet:
Vater, vergib!
Den Hochmut, der uns verleitet, auf uns selbst zu
vertrauen und nicht auf dich:
Vater, vergib!
Lehre uns, o Herr, zu vergeben und uns vergeben zu
lassen, dass wir miteinander und mit dir in Frieden
leben.
Darum bitten wir um Christi willen.

Gebet in besonderer Not (Dietrich Bonhoeffer)

Herr Gott,
großes Elend ist über mich gekommen.
Meine Sorgen wollen mich erdrücken
ich weiß nicht ein noch aus.
Gott, sei gnädig und hilf
Gib Kraft zu tragen, was du schickst.
lass die Furcht nicht über mich herrschen.
sorge du väterlich für die Meinen,
besonders für Frau und Kinder,
schütze sie mit deiner starken Hand
vor allem Übel und vor aller Gefahr.
Barmherziger Gott,
vergib mir alles, was [ich] an dir
und an Menschen gesündigt habe.
Ich traue deiner Gnade
und gebe mein Leben ganz in deine Hand
Mach du mit mir,
wie es dir gefällt und wie es gut für mich ist.

Ob ich lebe oder sterbe,
ich bin bei dir und du bist bei mir, mein Gott
Herr ich warte auf dein Heil und auf dein Reich.
Amen

Christen und Heiden (Dietrich Bonhoeffer)

1

Menschen gehen zu Gott in ihrer Not,
flehen um Hilfe, bitten um Glück und Brot,
um Errettung aus Krankheit, Schuld und Tod.
So tun sie alle, alle, Christen und Heiden.

2

Menschen gehen zu Gott in seiner Not,
finden ihn arm, geschmäht, ohne Obdach und Brot,
sehn ihn verschlungen von Sünde, Schwachheit und
Tod.
Christen stehen bei Gott in Seinen Leiden.

3

Gott geht zu allen Menschen in ihrer Not,
sättigt den Leib und die Seele mit seinem Brot,
stirbt für Christen und Heiden den Kreuzestod,
und vergibt ihnen beiden.

Von guten Mächten (Dietrich Bonhoeffer)

Von guten Mächten treu und still umgeben
behütet und getröstet wunderbar, –

so will ich diesen Tag mit euch leben
und mit euch gehen in ein neues Jahr;

noch will das alte unsre Herzen quälen
noch drückt uns böser Tage schwere Last,
Ach Herr, gib unsern aufgeschreckten Seelen
das Heil, für das Du uns geschaffen hast.

Und reichst Du uns den schweren Kelch, den bittern,
des Leids, gefüllt bis an den höchsten Rand,
so nehmen wir ihn dankbar ohne Zittern
aus Deiner guten und geliebten Hand.

Doch willst Du uns noch einmal Freude schenken
an dieser Welt und ihrer Sonne Glanz,
dann woll'n wir des Vergangenen gedenken,
und dann gehört Dir unser Leben ganz.

Lass warm und hell die Kerzen heute flammen
die Du in unsre Dunkelheit gebracht,
führ, wenn es sein kann, wieder uns zusammen!
Wir wissen es, Dein Licht scheint in der Nacht.

Wenn sich die Stille nun tief um uns breitet,
so lass uns hören jenen vollen Klang
der Welt, die unsichtbar sich um uns weitet,
all Deiner Kinder hohen Lobgesang.

Von guten Mächten wunderbar geborgen
erwarten wir getrost, was kommen mag.

Gott ist bei uns am Abend und am Morgen,
und ganz gewiss an jedem neuen Tag.

Tod und Sterben

Wenn ich einmal soll scheiden,
so scheide nicht von mir,
wenn ich den Tod soll leiden,
so tritt du dann herfür;
wenn mir am allerbängsten
wird um das Herze sein,
so reiß mich aus den Ängsten
kraft deiner Angst und Pein.

Erscheine mir zum Schilde,
zum Trost in meinem Tod,
und lass mich sehn dein Bilde
in deiner Kreuzesnot.
Da will ich nach dir blicken,
da will ich glaubensvoll
dich fest an mein Herz drücken.
Wer so stirbt, der stirbt wohl.

$- * * * -$

Herr, ich weiß, dass du mich liebst.
Mein Leben wie mein Sterben liegt in deinen
Händen.
Ich glaube, dass alles, was kommt, in deine Liebe
eingeschlossen ist.

Hilf mir, deinen Willen anzunehmen und zu
verstehen,
hilf mir, täglich bereit zu sein, wenn du mich rufst.
Lass mich auch im Sterben in deiner Liebe geborgen
bleiben.
Ich hoffe auf dich: du wendest alles zum Guten.
Herr, dein Wille geschehe.

– * * * –

Herr, unser Gott,
du hast Leben und Tod in deinen Händen.
Um deines Sohnes Jesu Christi willen erbarme dich.
Du kannst Sünde vergeben, Qual verkürzen und aus
dem Tod erlösen.
Wir bitten dich für . . . . , nimm ihn/sie auf in die
ewige Freude.

PSALMGEBETE

Psalm 1

Wohl dem, der nicht wandelt im Rat der Gottlosen
noch tritt auf den Weg der Sünder
noch sitzt, wo die Spötter sitzen,
sondern hat Lust am Gesetz des Herrn
und sinnt über seinem Gesetz Tag und Nacht!
Der ist wie ein Baum, gepflanzt an den Wasser-
bächen,
der seine Frucht bringt zu seiner Zeit,
und seine Blätter verwelken nicht.

Und was er macht, das gerät wohl.
Aber so sind die Gottlosen nicht,
sondern wie Spreu, die der Wind verstreut.
Darum bestehen die Gottlosen nicht im Gericht
noch die Sünder in der Gemeinde der Gerechten.
Denn der Herr kennt den Weg der Gerechten,
aber der Gottlosen Weg vergeht.

Psalm 8

Herr, unser Herrscher, wie herrlich ist dein Name in
allen Landen,
der du zeigst deine Hoheit am Himmel!
Aus dem Munde der jungen Kinder und Säuglinge
hast du eine Macht zugerichtet um deiner Feinde
willen.
Wenn ich sehe die Himmel, deiner Finger Werk,
den Mond und die Sterne, die du bereitet hast:
was ist der Mensch, dass du seiner gedenkst,
und des Menschen Kind, dass du dich seiner
annimmst?
Du hast ihn wenig niedriger gemacht als Gott,
 mit Ehre und Herrlichkeit hast du ihn gekrönt.
Du hast ihn zum Herrn gemacht über deiner Hände
Werk, alles hast du unter seine Füße getan:
Schafe und Rinder allzumal, dazu auch die wilden
Tiere,
die Vögel unter dem Himmel und die Fische im
Meer und alles, was die Meere durchzieht.

Herr, unser Herrscher,
wie herrlich ist dein Name in allen Landen!

Psalm 23

Der Herr ist mein Hirte, mir wird nichts mangeln.
Er weidet mich auf einer grünen Aue und führet
mich zum frischen Wasser.
Er erquicket meine Seele.
Er führet mich auf rechter Straße um seines Namens
willen.
Und ob ich schon wanderte im finstern Tal, fürchte
ich kein Unglück;
denn du bist bei mir, dein Stecken und Stab trösten
mich.
Du bereitest vor mir einen Tisch im Angesicht
meiner Feinde.
Du salbest mein Haupt mit Öl und schenkest mir
voll ein.
Gutes und Barmherzigkeit werden mir folgen mein
Leben lang,
und ich werde bleiben im Hause des Herrn immerdar.

Aus Psalm 103

Lobe den Herrn, meine Seele, und was in mir ist,
seinen heiligen Namen!
Lobe den Herrn, meine Seele, und vergiss nicht,
was er dir Gutes getan hat:
der dir alle deine Sünden vergibt und heilet alle
deine Gebrechen,

der dein Leben vom Verderben erlöst, der dich
krönet mit Gnade und Barmherzigkeit,
der deinen Mund fröhlich macht, und du wieder
jung wirst wie ein Adler.
Der Herr schafft Gerechtigkeit und Recht allen, die
Unrecht leiden.
Er hat seine Wege Mose wissen lassen, die Kinder
Israel sein Tun.
Barmherzig und gnädig ist der Herr, geduldig und
von großer Güte.
Er wird nicht für immer hadern noch ewig zornig
bleiben.
Er handelt nicht mit uns nach unsern Sünden und
vergilt uns nicht nach unsrer Missetat.
Denn so hoch der Himmel über der Erde ist, lässt er
seine Gnade walten über denen, die ihn fürchten.
So fern der Morgen ist vom Abend, lässt er unsre
Übertretungen von uns sein.
Wie sich ein Vater über Kinder erbarmt, so erbarmt
sich der Herr über die, die ihn fürchten.

Aus Psalm 119

Wohl denen, die ohne Tadel leben, die im Gesetz des
Herrn wandeln!
Wohl denen, die sich an seine Mahnungen halten,
die ihn von ganzem Herzen suchen,
die auf seinen Wegen wandeln und kein Unrecht tun.
Wenn ich schaue allein auf deine Gebote, so werde
ich nicht zuschanden.

Ich danke dir mit aufrichtigem Herzen, dass du
mich lehrst die Ordnungen deiner Gerechtigkeit.
Deine Gebote will ich halten; verlass mich nimmermehr!
Öffne mir die Augen, dass ich sehe die Wunder an
deinem Gesetz.
Zeige mir, Herr, den Weg deiner Gebote, dass ich sie
bewahre bis ans Ende.
Meine Seele verlangt nach deinem Heil; ich hoffe auf
dein Wort.
Meine Augen sehnen sich nach deinem Wort und
sagen: Wann tröstest du mich?
Wenn dein Gesetz nicht mein Trost gewesen wäre, so
wäre ich vergangen in meinem Elend.
Dein Wort ist meines Fußes Leuchte und ein Licht
auf meinem Wege.
Erhalte mich durch dein Wort, dass ich lebe,
und lass mich nicht zuschanden werden in meiner
Hoffnung.
Stärke mich, dass ich gerettet werde, so will ich stets
Freude haben an deinen Geboten.

Aus Psalm 139

Herr, du erforschest mich und kennest mich.
Ich sitze oder stehe auf, so weißt du es;
du verstehst meine Gedanken von ferne.
Ich gehe oder liege, so bist du um mich
und siehst alle meine Wege.
Denn siehe, es ist kein Wort auf meiner Zunge,

das du, Herr, nicht schon wüsstest.
Von allen Seiten umgibst du mich
und hältst deine Hand über mir.
Diese Erkenntnis ist mir zu wunderbar und zu hoch,
ich kann sie nicht begreifen.
Wohin soll ich gehen vor deinem Geist,
und wohin soll ich fliehen vor deinem Angesicht?
Führe ich gen Himmel, so bist du da;
bettete ich mich bei den Toten, siehe,
so bist du auch da.
Nähme ich Flügel der Morgenröte
und bliebe am äußersten Meer,
so würde auch dort deine Hand mich führen
und deine Rechte mich halten.

V. Worte aus der Heiligen Schrift

AUS DEM ALTEN TESTAMENT

Aus den Geschichtsbüchern

Gen 1,27 Gott schuf den Menschen zu seinem Bilde, zum Bilde Gottes schuf er ihn; und schuf sie als Mann und Weib.

Gen 12,3 In dir sollen gesegnet werden alle Geschlechter auf Erden.

Gen 32,27 Ich lasse dich nicht, du segnest mich denn.

Gen 50,20 Ihr gedachtet es böse mit mir zu machen, aber Gott gedachte es gut zu machen.

Dtn 7,7 Nicht hat euch der Herr angenommen und euch erwählt, weil ihr größer wäret als alle Völker – denn du bist das kleinste unter allen Völkern – sondern weil er euch geliebt hat.

Jos 1,9 Siehe, ich habe dir geboten, dass du getrost und unverzagt seist. Lass dir nicht grauen und entsetze dich nicht; denn der Herr, dein Gott, ist mit dir in allem, was du tun wirst.

Jos 24,15 Ich aber und mein Haus wollen dem Herrn dienen.

1Sam 16,7 Ein Mensch sieht, was vor Augen ist; der Herr aber sieht das Herz an.

Hiob 2,10 Haben wir Gutes empfangen von Gott und sollten das Böse nicht auch annehmen?

Aus den Psalmen

Ps 23,1 Der Herr ist mein Hirte, mir wird nichts mangeln.

Ps 27,1 Der Herr ist mein Licht und mein Heil; vor wem sollte ich mich fürchten? Der Herr ist meines Lebens Kraft; vor wem sollte mir grauen?

Ps 31,16 Meine Zeit steht in deinen Händen.

Ps 33,4 Des Herrn Wort ist wahrhaftig, und was er zusagt, das hält er gewiss.

Ps 46,2 Gott ist unsre Zuversicht und Stärke, eine Hilfe in den großen Nöten, die uns getroffen haben.

Ps 50,15 Rufe mich an in der Not, so will ich dich erretten, und du sollst mich preisen.

Ps 51,12–14 Schaffe in mir, Gott, ein reines Herz, und gib mir einen neuen, beständigen Geist. Verwirf mich nicht von deinem Angesicht, und nimm deinen heiligen Geist nicht von mir. Erfreue mich wieder mit deiner Hilfe, und mit einem willigen Geist rüste mich aus.

Ps 86,11 Weise mir, Herr, deinen Weg, dass ich wandle in deiner Wahrheit.

Ps 90,1–2 Herr, du bist unsre Zuflucht für und für. Ehe denn die Berge wurden und die Erde und die Welt geschaffen wurden, bist du, Gott, von Ewigkeit zu Ewigkeit.

Ps 118,8 Es ist gut, auf den Herrn vertrauen und nicht sich verlassen auf Menschen.

Ps 119,105 Dein Wort ist meines Fußes Leuchte und ein Licht auf meinem Wege.

Ps 139,23–24 Erforsche mich, Gott, und erkenne mein Herz; prüfe mich und erkenne, wie ich's meine. Und sieh, ob ich auf bösem Wege bin, und leite mich auf ewigem Wege.

Aus den Büchern der Propheten

Jes 9,1 Das Volk, das im Finstern wandelt, sieht ein großes Licht, und über denen, die da wohnen im finstern Lande, scheint es hell.

Jes 9,5 Uns ist ein Kind geboren, ein Sohn ist uns gegeben, und die Herrschaft ruht auf seiner Schulter;

und er heißt Wunder-Rat, Gott-Held, Ewig-Vater, Friede-Fürst.

Jes 11,1–2 Es wird ein Reis hervorgehen aus dem Stamm Isais und ein Zweig aus seiner Wurzel Frucht bringen. Auf ihm wird ruhen der Geist des Herrn, der Geist der Weisheit und des Verstandes, der Geist des Rates und der Stärke, der Geist der Erkenntnis und der Furcht des Herrn.

Jes 40,31 Die auf den Herrn harren, kriegen neue Kraft, dass sie auffahren mit Flügeln wie Adler, dass sie laufen und nicht matt werden, dass sie wandeln und nicht müde werden.

Jes 43,1 Fürchte dich nicht, denn ich habe dich erlöst; ich habe dich bei deinem Namen gerufen; du bist mein!

Jes 54,10 Es sollen wohl Berge weichen und Hügel hinfallen, aber meine Gnade soll nicht von dir weichen, und der Bund meines Friedens soll nicht hinfallen, spricht der Herr, dein Erbarmer.

Jes 55,8–9 Meine Gedanken sind nicht eure Gedanken, und eure Wege sind nicht meine Wege, spricht der Herr, sondern so viel der Himmel höher ist als die Erde, so sind auch meine Wege höher als eure Wege und meine Gedanken als eure Gedanken.

Jes 66,13 Ich will euch trösten, wie einen seine Mutter tröstet.

Jer 17,14 Heile du mich, Herr, so werde ich heil; hilf du mir, so ist mir geholfen.

Jer 23,29 Ist mein Wort nicht wie ein Feuer, spricht der Herr, und wie ein Hammer, der Felsen zerschmeißt?

Jer 29,7 Suchet der Stadt Bestes und betet für sie zum Herrn; denn wenn's ihr wohl geht, so geht's auch euch wohl.

Jer 29,11 Ich weiß wohl, was ich für Gedanken über euch habe, spricht der Herr: Gedanken des Friedens und nicht des Leides, dass ich euch gebe Zukunft und Hoffnung.

Jer 29,14 Wenn ihr mich von ganzem Herzen suchen werdet, so will ich mich von euch finden lassen.

Hes 33,11 So wahr ich lebe, spricht Gott der Herr: ich habe kein Gefallen am Tode des Gottlosen, sondern dass der Gottlose umkehre von seinem Wege und lebe.

Hes 34,16 Ich will das Verlorene wieder suchen und das Verirrte zurückbringen und das Verwundete verbinden und das Schwache stärken.

Hes 36,26–27 Ich will euch ein neues Herz und einen neuen Geist in euch geben und will das steinerne Herz aus eurem Fleisch wegnehmen und euch ein fleischernes Herz geben. Ich will meinen Geist in euch geben und will solche Leute aus euch machen, die in meinen Geboten wandeln und meine Rechte halten und danach tun.

Am 5,4 Suchet mich, so werdet ihr leben.

Mi 4,3 Sie werden ihre Schwerter zu Pflugscharen und ihre Spieße zu Sicheln machen. Es wird kein Volk wider das andere das Schwert erheben, und sie werden hinfort nicht mehr lernen, Krieg zu führen.

Mi 6,8 Es ist dir gesagt, Mensch, was gut ist und was der Herr von dir fordert, nämlich Gottes Wort halten und Liebe üben und demütig sein vor deinem Gott.

Sach 4,6 Es soll nicht durch Heer oder Kraft, sondern durch meinen Geist geschehen.

Sach 9,9 Siehe, dein König kommt zu dir, ein Gerechter und ein Helfer, arm und reitet auf einem Esel, auf einem Füllen der Eselin.

AUS DEM NEUEN TESTAMENT

Aus den Evangelien

Mt 5,13 Ihr seid das Salz der Erde.

Mt 5,44 Liebt eure Feinde und bittet für die, die euch verfolgen.

Mt 6,24 Ihr könnt nicht Gott dienen und dem Mammon.

Mt 7,1 Richtet nicht, damit ihr nicht gerichtet werdet.

Mt 7,7 Bittet, so wird euch gegeben; suchet, so werdet ihr finden; klopfet an, so wird euch aufgetan.

Mt 10,32–33 Wer nun mich bekennt vor den Menschen, den will ich auch bekennen vor meinem himmlischen Vater. Wer mich aber verleugnet vor den Menschen, den will ich auch verleugnen vor meinem himmlischen Vater.

Mt 10,40 Wer euch aufnimmt, der nimmt mich auf; und wer mich aufnimmt, der nimmt den auf, der mich gesandt hat.

Mt 18,20 Wo zwei oder drei versammelt sind in meinem Namen, da bin ich mitten unter ihnen.

Mt 20,26 Wer unter euch groß sein will, der sei euer Diener.

Mt 25,40 Was ihr getan habt einem von diesen meinen geringsten Brüdern, das habt ihr mir getan.

Mt 28,20 Siehe, ich bin bei euch alle Tage bis an der Welt Ende.

Mk 1,15 Kehrt um und glaubt an das Evangelium!

Mk 3,35 Wer Gottes Willen tut, der ist mein Bruder und meine Schwester und meine Mutter.

Mk 4,24 Mit welchem Maß ihr messt, wird man euch wieder messen.

Mk 5,36 Fürchte dich nicht, glaube nur!

Mk 9,23 Alle Dinge sind möglich dem, der da glaubt.

Mk 9,24 Ich glaube; hilf meinem Unglauben!

Mk 10,9 Was Gott zusammengefügt hat, soll der Mensch nicht scheiden.

Mk 10,45 Der Menschensohn ist nicht gekommen, dass er sich dienen lasse, sondern dass er diene und sein Leben gebe als Lösegeld für viele.

Mk 13,31 Himmel und Erde werden vergehen; meine Worte aber werden nicht vergehen.

Lk 4,4 Der Mensch lebt nicht allein vom Brot.

Lk 6,31 Wie ihr wollt, dass euch die Leute tun sollen, so tut ihnen auch!

Lk 6,44 Jeder Baum wird an seiner eigenen Frucht erkannt.

Lk 9,62 Wer seine Hand an den Pflug legt und sieht zurück, der ist nicht geschickt für das Reich Gottes.

Lk 10,2 Die Ernte ist groß, der Arbeiter aber sind wenige. Darum bittet den Herrn der Ernte, dass er Arbeiter aussende in seine Ernte.

Lk 12,15 Niemand lebt davon, dass er viele Güter hat.

Lk 12,48 Wem viel gegeben ist, bei dem wird man viel suchen; und wem viel anvertraut ist, von dem wird man um so mehr fordern.

Lk 14,11 Wer sich selbst erhöht, der soll erniedrigt werden; und wer sich selbst erniedrigt, der soll erhöht werden.

Lk 16,10 Wer im Geringsten treu ist, der ist auch im Großen treu; und wer im Geringsten ungerecht ist, der ist auch im Großen ungerecht.

Lk 18,27 Was bei den Menschen unmöglich ist, das ist bei Gott möglich.

Joh 3,16 Also hat Gott die Welt geliebt, dass er seinen eingeborenen Sohn gab, damit alle, die an ihn glauben, nicht verloren werden, sondern das ewige Leben haben.

Joh 4,24 Gott ist Geist, und die ihn anbeten, die müssen ihn im Geist und in der Wahrheit anbeten.

Joh 6,35 Jesus aber sprach zu ihnen: Ich bin das Brot des Lebens. Wer zu mir kommt, den wird nicht hungern; und wer an mich glaubt, den wird nimmermehr dürsten.

Joh 6,37 Alles, was mir mein Vater gibt, das kommt zu mir; und wer zu mir kommt, den werde ich nicht hinausstoßen.

Joh 8,12 Da redete Jesus abermals zu ihnen und sprach: Ich bin das Licht der Welt. Wer mir nachfolgt, der wird nicht wandeln in der Finsternis, sondern wird das Licht des Lebens haben.

Joh 8,36 Wenn euch nun der Sohn frei macht, so seid ihr wirklich frei.

Joh 10,11 Ich bin der gute Hirte. Der gute Hirte lässt sein Leben für die Schafe.

Joh 11,25–26 Jesus spricht zu ihr: Ich bin die Auferstehung und das Leben. Wer an mich glaubt, der wird leben, auch wenn er stirbt; und wer da lebt und glaubt an mich, der wird nimmermehr sterben.

Joh 13,35 Daran wird jedermann erkennen, dass ihr meine Jünger seid, wenn ihr Liebe untereinander habt.

Joh 14,6 Jesus spricht zu ihm: Ich bin der Weg und die Wahrheit und das Leben; niemand kommt zum Vater denn durch mich.

Joh 14,9 Wer mich sieht, der sieht den Vater!

Joh 14,19 Ich lebe, und ihr sollt auch leben.

Joh 15,5 Ich bin der Weinstock, ihr seid die Reben. Wer in mir bleibt und ich in ihm, der bringt viel Frucht; denn ohne mich könnt ihr nichts tun.

Joh 16,33 In der Welt habt ihr Angst; aber seid getrost, ich habe die Welt überwunden.

Joh 17,24 Vater, ich will, dass, wo ich bin, auch die bei mir seien, die du mir gegeben hast.

Joh 18,37 Ich bin dazu geboren und in die Weit gekommen, dass ich die Wahrheit bezeugen soll. Wer aus der Wahrheit ist, der hört meine Stimme.

Aus den Briefen

Röm 2,11 Es ist kein Ansehen der Person vor Gott.

Röm 8,14 Welche der Geist Gottes treibt, die sind Gottes Kinder.

Röm 8,28 Wir wissen aber, dass denen, die Gott lieben, alle Dinge zum Besten dienen.

Röm 8,38–39 Ich bin gewiss, dass weder Tod noch Leben, weder Engel noch Mächte noch Gewalten, weder Gegenwärtiges noch Zukünftiges, weder Hohes noch Tiefes noch eine andere Kreatur uns scheiden kann von der Liebe Gottes, die in Christus Jesus ist, unserm Herrn.

Röm 12,12 Seid fröhlich in Hoffnung, geduldig in Trübsal, beharrlich im Gebet.

Röm 15,7 Nehmt einander an, wie Christus euch angenommen hat zu Gottes Lob.

1Kor 6,20 Ihr seid teuer erkauft; darum preist Gott mit eurem Leibe.

1Kor 10,13 Gott ist treu, der euch nicht versuchen lässt über eure Kraft, sondern macht, dass die Versuchung so ein Ende nimmt, dass ihr's ertragen könnt.

1Kor 13,13 Nun aber bleiben Glaube, Hoffnung, Liebe, diese drei; aber die Liebe ist die größte unter ihnen.

2Kor 5,17 Ist jemand in Christus, so ist er eine neue Kreatur; das Alte ist vergangen, siehe, Neues ist geworden.

Gal 5,1 Zur Freiheit hat uns Christus befreit! So steht nun fest und lasst euch nicht wieder das Joch der Knechtschaft auflegen!

Gal 5,22–23 Die Frucht aber des Geistes ist Liebe, Freude, Friede, Geduld, Freundlichkeit, Güte, Treue, Sanftmut, Keuschheit.

Gal 6,2 Einer trage des andern Last, so werdet ihr das Gesetz Christi erfüllen.

Gal 6,7 Was der Mensch sät, das wird er ernten.

Eph 4,3 Seid darauf bedacht, zu wahren die Einigkeit im Geist durch das Band des Friedens.

Eph 4,26 Lasst die Sonne nicht über eurem Zorn untergehen.

2Tim 1,7 Gott hat uns nicht gegeben den Geist der Furcht, sondern der Kraft und der Liebe und der Besonnenheit.

1Petr 4,10 Dient einander, ein jeder mit der Gabe, die er empfangen hat.

1Petr 5,7 Alle eure Sorge werft auf ihn; denn er sorgt für euch.

Jak 1,22 Seid aber Täter des Worts und nicht Hörer allein.

VI. Die wichtigsten Unterscheidungen der evangelischen Kirchen von der römisch-katholischen Kirche

Durch die ökumenischen Begegnungen und den ökumenischen Dialog der letzten Jahrzehnte ist es zu einem neuen Verständnis der unterschiedlichen offiziellen Lehren und auch zu Änderungen der Praxis gekommen. Dabei ist deutlich geworden: Was uns verbindet, ist mehr als das, was uns noch trennt.

1. HEILIGE SCHRIFT, KIRCHLICHE TRADITION UND LEHRAMT

Die katholische Kirche kennt außer der Heiligen Schrift als maßgebend für ihre Lehre die kirchliche Lehrtradition (vor allem dogmatische Beschlüsse von Konzilien) sowie das kirchliche Lehramt mit dem Papst an der Spitze (II. Vatikanisches Konzil, 1965). Demgegenüber betonen die evangelischen Kirchen die alleinige Autorität der Heiligen Schrift (»sola scriptura«). Aber auch für die katholische Kirche hat die Heilige Schrift einen einzigartigen Rang. Nur sie ist vom Heiligen Geist inspiriert; die Tradition und das Lehramt dienen ihrer Auslegung und dürfen ihr nicht widersprechen. Die evangelische Theologie weiß ihrerseits, dass die Heilige Schrift selbst ein Stück frühkirchlicher Tradition ist. Außerdem haben auch nach evangelischem Verständnis spätere kirchliche Traditionen, wie z. B. die reformatorischen Bekenntnisse, maßgebende Bedeutung für Lehre und Verkündigung. Eine wirkliche Differenz besteht nur im Blick auf die Autorität des kirchlichen Lehramts, das nach katholischem Verständnis die letzte Entscheidung über Glaubenswahrheiten hat.

2. RECHTFERTIGUNGSLEHRE

Nach traditionellem katholischem Verständnis (Konzil von Trient, 1547) erhält der Christ die ewige Seligkeit aufgrund der als »Verdienste« geltenden guten Werke. Demgegenüber ist das ewige Heil für evangelisches Verständnis allein der in Christi Tod offenbaren barmherzigen und vergebenden Liebe Gottes zu verdanken. Ferner setzt die katholische Lehre im Unterschied zum evangelischen Verständnis voraus, dass der »natürliche« (glaubenslose) Mensch den freien Willen nicht völlig verloren hat, so dass er sich unter der Wirkung von Gottes Gnade frei für Gott und den Glauben entscheiden kann. Im neueren Dialog über die Rechtfertigungslehre ist als gemeinsame Überzeugung unterstrichen worden, dass wir das Heil allein der göttlichen Gnade verdanken. Auch nach evangelischem Verständnis folgt ein Mensch dem Ruf der Gnade nicht willenlos, und gute Werke als Früchte der Gnade sind unabdingbar für das Christsein. Auch die katholische Seite weiß, dass der Christ bis ans Ende seines Lebens mit der Sünde zu kämpfen hat und deshalb auf Gottes Barmherzigkeit angewiesen bleibt. Die offiziell unterzeichnete »Gemeinsame Erklärung zur Rechtfertigungslehre« (1999) stellt fest, dass es in diesem Bereich keine die Kirchen trennenden Lehrdifferenzen mehr gibt.

3. Sakramente

Die katholische Lehre (Konzil von Trient, 1547) kennt sieben Sakramente (Taufe, Firmung, Eucharistie, Buße, Krankensalbung, Priesterweihe, Ehe), während es nach allgemeinem evangelischen Verständnis nur zwei Sakramente (Taufe, Abendmahl) gibt. Die katholische Theologie unterstreicht aber, dass Taufe und Abendmahl (Eucharistie) die beiden Hauptsakramente sind. Und nach lutherischer Lehre ist die Zahl der Sakramente nicht festgelegt, vielmehr rechnet z. B. das Augsburger Bekenntnis (1530) auch die Beichte/Buße zu den Sakramenten.

4. Abendmahl/Eucharistie

(a) Im Mittelpunkt des katholischen Gottesdienstes steht das Abendmahl (die Eucharistie), im Mittelpunkt des evangelischen Gottesdienstes steht die Verkündigung. Die katholische Kirche hat jedoch die zentrale Bedeutung des Wortes Gottes, die evangelische Kirche diejenige des Abendmahls wieder entdeckt.

(b) Beim Abendmahl (Eucharistie) erfolgt nach katholischer Lehre (Konzil von Trient, 1551) eine Verwandlung von Brot und Wein in Leib und Blut Christi, die auch nach der Feier bestehen bleibt. Nach lutheri-

schem Verständnis sind Leib und Blut Christi nur während der Feier in und unter Brot und Wein gegenwärtig, während sie nach reformiertem Verständnis den Gläubigen beim Essen geistlich zuteil werden. Im ökumenischen Dialog ist erkannt worden, dass das allen gemeinsame Bekenntnis zur realen Gegenwart Christi im Abendmahl unterschiedliche Erklärungen der Art und Weise dieser Gegenwart nicht ausschließt. Dennoch ergibt sich daraus auch eine unterschiedliche Praxis (in der katholischen Kirche z. B. das ewige Licht als Zeichen des gegenwärtigen Christus, die Fronleichnamsprozession als Form der Anbetung Christi).

(c) Nach traditioneller katholischer Lehre (Konzil von Trient, 1562; katholische Messliturgie) bringt der Priester in der Eucharistie (im Abendmahl) das eine am Kreuz vollzogene Opfer Christi in unblutiger Weise erneut dar, während nach evangelischem Verständnis im Abendmahl die Frucht des einmaligen Opfers Christi den Gläubigen zugeeignet wird. Heute können beide Seiten gemeinsam sagen, dass im Abendmahl der einmalige Opfertod Christi vergegenwärtigt wird und die Teilnehmenden an ihm Anteil erhalten.

(d) In der katholischen Kirche erhalten – im Gegensatz zur evangelischen Praxis – bei der Kommunion die Gemeindeglieder nur das geweihte Brot, lediglich der Priester empfängt auch den Kelch. Allerdings gibt es heute in katholischen Gottesdiensten mit kleineren Gruppen auch die Kelchkommunion für alle Teilnehmenden.

5. KIRCHE UND AMT

Nach katholischer Lehre (II. Vaticanum, 1964) ist für die Kirche als Leib Christi deren Leitung durch die in apostolischer Nachfolge stehenden Bischöfe wesentlich, die allein auch die Vollmacht zu gültiger Ordination von Priestern haben. Der Papst als Stellvertreter Christi und »Haupt« des Bischofskollegiums ist oberster Hirte der katholischen Weltkirche. Ihm obliegt die oberste Rechtsprechung, und er hat die oberste (im Grenzfall unfehlbare) Lehrautorität inne. Nach evangelischem Verständnis ist für die Kirche als die Gemeinde Christi lediglich das Amt der Wortverkündigung und Sakramentsverwaltung, zu dem ordiniert wird, wesentlich. Im ökumenischen Dialog ist von katholischer Seite u. a. der Dienstcharakter des (Priester-)Amtes unterstrichen worden. Nach evangelischem Verständnis sind auch Ämter regionaler Aufsicht notwendig, und die weltweite Dimension der Christenheit ist neu entdeckt worden. Die katholische Kirche verweigert bislang die Anerkennung der evangelischen Ordinationen und bestreitet die volle Gültigkeit des evangelischen Abendmahls.

6. MARIA UND DIE HEILIGEN

Nach katholischer Lehre ist Maria im Leib ihrer Mutter »unbefleckt« empfangen worden und dadurch frei von der Erbsünde gewesen (Dogma von 1854). Und sie ist leibhaftig in den Himmel aufgenommen worden (Dogma von 1950). Diese beiden Lehren bestreiten die evangelischen Kirchen. Für sie ist Maria die von Gott auserwählte Mutter Jesu und ein Vorbild des Glaubens.

Während nach katholischem Verständnis die vollendeten Heiligen um ihre Fürbitte angerufen werden und es darüber hinaus vielfältige Formen des Heiligen- und Marienkultes gibt, ist nach evangelischem Verständnis zwar ein Gedächtnis der Heiligen wichtig, aber ihre Anrufung ist nicht möglich.

7. Fegfeuer und Ablass

Nach katholischer Lehre müssen die im Glauben Verstorbenen für die im Leben noch nicht abgebüßten Sünden im Fegfeuer Buße tun. Dafür kann ein Ablass erworben werden, demzufolge »überschüssige« gute Werke von Heiligen in Anrechnung gebracht werden. Für evangelisches Verständnis ist weder die Vorstellung eines Fegfeuers noch diejenige überzähliger guter Werke nachvollziehbar.

8. Zeremonien

In der katholischen Kirche gibt es Gebräuche, die die evangelische Christenheit nicht (bzw. nicht mehr) kennt: z. B. das Kreuz schlagen, Niederknieen, Gebrauch von Weihrauch, Weihwasser, Rosenkranz. Damit soll sinnenfällig an die Geheimnisse des Glaubens erinnert werden.

VII. Anhänge

VERZEICHNIS DER BIBLISCHEN BÜCHER
(MIT ABKÜRZUNGEN UND KURZEN INHALTSANGABEN)

Die Bücher des Alten (Ersten) Testaments

Die Geschichtsbücher

Das erste Buch Mose (Genesis, Gen) Urgeschichte, Geschichte der Erzväter und der Söhne Jakobs

Das zweite Buch Mose (Exodus, Ex) Frondienst des Volkes Israel, Moses Berufung, Auszug aus Ägypten und Rettung am Schilfmeer, Bundesschluss am Sinai, Gebote

Das dritte Buch Mose (Levitikus, Lev) Vorschriften für die Priester, zur kultischen Reinheit und für den Gottesdienst

Das vierte Buch Mose (Numeri, Num) Volks- und Heeresordnung, Ordnung der Stämme, Geschehnisse auf der Wüstenwanderung

Das fünfte Buch Mose (Deuteronomium, Dtn) Reden, Weisungen und Verfügungen des Mose, Bericht über seinen Tod und sein Begräbnis

Das Buch Josua (Jos) Israels Eroberungszug in das verheißene Land nach dem Tod des Mose unter seinem Nachfolger Josua, Landverteilung

Das Buch der Richter (Ri) Erzählungen über Richtergestalten einzelner Stämme in der Zeit nach der Landnahme

Das Buch Ruth (Ruth) Geschichte einer Moabiterin, der Stammmutter des Davidsgeschlechts

Das erste und das zweite Buch Samuel (1/2Sam) Übergang von der Richterzeit zum Königtum. Salbung Sauls zum ersten König Israels; Herrschaft Davids über Juda und ganz Israel

Das erste und das zweite Buch der Könige (1/2Kön) Thronfolge, Davids Tod, Geschichte Salomos

Das erste und das zweite Buch der Chronik (1/2Chr) Geschichte Salomos (Fortsetzung), Ausbau des Reiches und Jerusalems, Tempelbau; Abfall der Nordstämme (Staatentrennung: Israel und Juda), Propheten Elia und Elisa; Einfall der Assyrer in Israel, König Josias Reformen in Juda, Einfall der Babylonier (Nebukadnezar), Babylonische Gefangenschaft

Das Buch Esra (Esr) und das Buch Nehemia (Neh) Rückkehr aus dem Exil, Wiederaufbau Jerusalems und des Tempels, Gottesdienstordnung

Das Buch Esther (Est) Königin Ester bewahrt die Juden vor schwerer Verfolgung

Die Lehrbücher

Das Buch Hiob (Ijob) Von den Leiden des frommen Hiob, der in der Anfechtung seinen Gottesglauben bewahrt; tiefgründiges Weisheitsbuch

Das Buch der Psalmen (Psalter, Ps) Gebet- und Gesangbuch der jüdischen Gemeinde; 150 Psalmen, das sind Gebete und Lehrstücke, Lob- und Preislieder, Klagelieder, Hymnen

Die Sprüche Salomos (Spr) und der Prediger Salomo (Kohelet, Koh) Sammlung von Weisheitssprüchen aus der Lebenserfahrung Israels, Salomo zugeschrieben; [*Kohelet* (hebr.) heißt Wortführer, Prediger]

Das Hohelied Salomos (Hld) Sammlung orientalischer Liebeslieder

Die Prophetischen Bücher

Die vier großen Propheten

Der Prophet Jesaja (Jes) Weissagungen aus der Zeit vor der Verbannung (Kap. 1–39), Trostbuch für die Gefangenen in Babel (Kap. 40–66)

Der Prophet Jeremia (Jer) und die Klagelieder Jeremias (Klgl) Weissagungen zur Zeit der Zerstörung Jerusalems, Klagelieder über die zerstörte Stadt

Der Prophet Hesekiel oder Ezechiel (Hes/Ez) Weissagungen unter den Gefangenen in (Ezechiel) Babel: Gottes Gericht über Jerusalem und über die Völker, Erneuerung Israels und des Tempels

Der Prophet Daniel (Dan) Weissagung vom Untergang der Weltreiche und vom Kommen des Gottesreiches

Die zwölf kleinen Propheten

Hosea (Hos)
Joel (Joel)
Amos (Am)
Obadja (Obd)
Jona (Jona)
Micha (Mi)
Nahum (Nah)
Habakuk (Hab)
Zefanja (Zef)
Haggai (Hag)
Sacharja (Sach)
Maleachi (Mal)

Die Bücher des Neuen (Zweiten) Testaments

Die Geschichtsbücher

Das Evangelium nach Matthäus (Mt)
Das Evangelium nach Markus (Mk)
Das Evangelium nach Lukas (Lk)
Das Evangelium nach Johannes (Joh)
Die vier Evangelien berichten von der Geburt, dem Leben und Wirken, dem Tod und der Auferstehung Jesu sowie vom Glauben der ersten Christen an den auferstandenen und lebendigen Christus.

Die Apostelgeschichte (Apg) Die Apostelgeschichte (des Lukas) berichtet von der Entstehung der Kirche in Jerusalem und ihrer Ausbreitung unter Juden und Heiden durch Petrus und Paulus und die anderen Apostel und ihre Mitarbeiter.

Die Lehrbücher

Die 13 Paulusbriefe

Der Brief des Paulus an die Römer (Röm) Die Rechtfertigung aus Gnade durch den Glauben

Der erste und zweite Brief des Paulus an die Korinther (1/2Kor) Fragen des Gemeindelebens, vom Apostelamt

Der Brief des Paulus an die Galater (Gal) Von der Gerechtigkeit aus dem Glauben und der christlichen Freiheit

Der Brief des Paulus an die Epheser (Eph) Von der Einigkeit im Geiste und der geistlichen Waffenrüstung

Der Brief des Paulus an die Philipper (Phil) und der Brief des Paulus an die Kolosser (Kol) Tröstung und Ermahnung der Gemeinde (Paulus in Gefangenschaft)

Der erste und der zweite Brief des Paulus an die Thessalonicher (1/2Thess) Von der Wiederkunft Christi

Der erste und der zweite Brief des Paulus an Timotheus (1/2Tim) und der Brief des Paulus an Titus (Tit) Briefe des Paulus an seine Schüler über das Predigtamt

Der Brief des Paulus an Philemon (Phlm) Vom entlaufenen Sklaven Onesimus

Die acht anderen Briefe

Der erste und der zweite Brief des Petrus (1/2Petr) Von der Hoffnung, vom Leiden und der Nachfolge, Mahnung an die Ältesten, Warnung vor Irrlehrern

Der erste, zweite und dritte Brief des Johannes (1/2/3Joh) Von der Liebe des Vaters und der Liebe zu den Brüdern

Der Brief an die Hebräer (Hebr) Vom hohenpriester-lichen Amt Christi (Verfasser unbekannt)

Der Brief des Jakobus (Jak) Vom Glauben und seinen Werken

Der Brief des Judas (Jud) Warnung vor Verführern und Ermahnung zur Standhaftigkeit

Das Prophetische Buch

Die Offenbarung (oder Apokalypse) des Johannes (Offb/ Apok) Das Buch schildert in apokalyptischen Bildern den Kampf der himmlischen Mächte um die endgül-tige Herrschaft Gottes.

Die apokryphen Bücher des Alten (Ersten) Testaments Die so genannten Apokryphen (*apokryph* griech. ver-borgen d. h. von der öffentlichen Verbreitung aus-geschlossen) stehen im Kanon der griechischen Bibelübersetzung, der Septuaginta (LXX). Sie sind Bestandteil der katholischen Bibel. Sie sind kein Be-standteil der hebräischen Kanons. Martin Luther hat sie deshalb nicht in seine deutsche/evangelische Bibel aufgenommen. Er stellte sie in den Anhang »als Bücher, so der Hl. Schrift nicht gleichzuhalten aber doch nützlich und gut zu lesen sind«.

Das Buch Tobit (Tob)
Das Buch Judith (Jdt)

Die griechischen Zusätze des Buches Esther (gr. Est)
Das erste und zweite Buch der Makkabäer (1/2 Makk)
Das Buch der Weisheit Salomos (Weish)
Das Buch Jesus Sirach (Sir)
Das Buch Baruch (Bar)
Die griechischen Zusätze des Buches Daniel (gr. Dan)

GESCHICHTSTAFELN

Aus der Geschichte des Urchristentums

26/27	Auftreten Johannes des Täufers
27/28	Auftreten Jesu
30	Tod Jesu
31/32	Martyrium des Stephanus
33	Bekehrung des Paulus
33/34	Mission der ›Hellenisten‹ (Samaria/Phönizien/Antiochia)
35	Paulus in Jerusalem
ca. 36–42	Paulus in Syrien/Kilikien
ca. 37	Heidenmission in Antiochia
ca. 42–44	Paulus in Antiochia
43/44	Verfolgung der Urgemeinde durch Agrippa I.
ca. 45–47	1. Missionsreise des Paulus
48	(Frühjahr) Apostelkonzil
48	(Sommer) Antiochenischer Zwischenfall
48–51/52	(Spätsommer 48) 2. Missionsreise des Paulus
50/51	Paulus in Korinth (1Thessalonicher)
52–55/56	3. Missionsreise des Paulus
52–54/55	Aufenthalt des Paulus in Ephesus (1Korinther)
55	Paulus in Makedonien (2Korinther; Galater)
55/56	Letzter Aufenthalt des Paulus in Korinth (Römer)
56	(Frühsommer) Ankunft des Paulus in Jerusalem
59	Paulus in Rom (60/61: Philipper; Philemon)

62	Martyrium des Herrenbruders Jakobus in Jerusalem
64	Christenverfolgung unter Nero/Tod des Petrus und Paulus in Rom
66–73/74	Jüdischer Krieg
70	Zerstörung Jerusalems durch die Römer
70–90	Abfassung der synoptischen Evangelien/Apostelgeschichte
ca. 90–95	Christenverfolgungen in Kleinasien
ca. 100	Johannesevangelium

Die Reformationszeit in Daten

1450	Gutenberg erfindet die Buchdruckerkunst
1466–1536	Erasmus von Rotterdam, humanistischer Gelehrter
1483	(10. November) Martin Luther in Eisleben geboren
1484–1531	Huldrych Zwingli
1490–1525	Thomas Müntzer
1497–1560	Philipp Melanchthon (theologischer Mitarbeiter und Berater Luthers)
1501	Luther bezieht die Universität Erfurt
1502	Friedrich der Weise gründet die Universität Wittenberg
1505	Luther tritt ins Erfurter Augustinerkloster ein
1509–1564	Johannes Calvin
1512	Luther wird Doktor der Theologie in Wittenberg

1517	*(31. Oktober)* Luther veröffentlicht die 95 Thesen
1519–1556	Kaiser Karl V.
1519	Leipziger Disputation zwischen den Theologen Andreas Karlstadt, Martin Luther und Johann Eck
1520	Luthers reformatorische Programmschriften (An den christlichen Adel deutscher Nation, Von der babylonischen Gefangenschaft der Kirche, Von der Freiheit eines Christenmenschen)
1520	*(10. Dezember)* Luther verbrennt die Bannandrohungsbulle des Papstes und die päpstlichen Rechtsbücher
1521	*(April)* Luther vor dem Reichstag in Worms, (Mai 1521 bis März 1522) Luther auf der Wartburg, Beginn der Bibelübersetzung (Neues Testament bis September 1522, Altes Testament bis 1534)
1524–1525	Deutscher Bauernkrieg
1525	Ermahnungs- und Streitschriften Luthers an Fürsten und Bauern
1525	*(15. Mai)* Schlacht bei Frankenhausen, Thomas Müntzer hingerichtet (27. Mai)
1525	*(13. Juni)* Luthers Eheschließung mit Katharina von Bora
1529	Luthers Kleiner und Großer Katechismus
1529	Marburger Religionsgespräch mit Zwingli über das Abendmahl

1530	Reichstag in Augsburg (25. Juni) Die evangelischen Stände übergeben dem Kaiser die »Augsburgische Konfession« (*Confessio Augustana*)
1531	Schmalkaldischer Bund der Protestanten
1534	Gründung des Jesuitenordens (Ignatius von Loyola 1491?–1556), Beginn der Gegenreformation
1534–1535	Täuferherrschaft in Münster
1545–1563	Konzil zu Trient (Beseitigung von Ablasshandel und Ämterschacher)
1546	*(18. Februar)* Martin Luther gestorben
1546–1547	Schmalkaldischer Krieg
1555	*(25. September)* Augsburger Religionsfrieden (Reichsrechtliche Anerkennung der evangelisch-lutherischen Konfession)
1618–1648	30-jähriger Krieg
1648	Westfälischer Friede (Ausweitung des Augsburger Religionsfriedens auf die evangelisch-reformierte Konfession)

ÜBERBLICK ÜBER DAS KIRCHENJAHR

Der Weihnachtsfestkreis

Advent (Ankunft des Herrn)
vierwöchige Vorbereitungs- oder Wartezeit vor dem
Christfest (1.–4. Sonntag im Advent)

Christfest (Feier der Geburt des Herrn)
24. Dezember
Christnacht (Heiliger Abend und Heilige Nacht)
Christi Geburt
25./26. Dezember
1. und 2. Christtag (Christfest)
31. Dezember
Altjahrsabend
1. Januar
Neujahrstag (Tag der Namengebung Jesu)
6. Januar
Epiphanias (Epiphanie – Erscheinen der Herrlichkeit
des Herrn vor der Welt) (vgl. Mt 2,1–12: Die Weisen
aus dem Morgenland)
2–6 Epiphaniassonntage
(je nach Ostertermin – Ostern ist immer am 1. Sonntag nach dem Frühjahrsvollmond)
2. Februar
(Tag der Darstellung des Herrn im Tempel;
Lk 2,22 ff.; Maria Lichtmess)

Der Osterfestkreis

Die Vorfastenzeit
Septuagesimae (der 70. Tag vor Ostern)
Sexagesimae (der 60. Tag vor Ostern)
Estomihi (»Sei mir ...«, Ps 31,3)

*Fasten- oder Passionszeit (6 Sonntage zur Vorbereitung
auf Ostern)*
Aschermittwoch (Mittwoch nach Estomihi) Beginn
der Passionszeit (40 Wochentage)
1. Sonntag der Passionszeit – Invokavit
(»Er ruft mich an ...«, Ps 91,15)
2. Sonntag der Passionszeit – Reminiszere
(»Gedenke, Herr ...«, Ps 25,6)
3. Sonntag der Passionszeit – Okuli
(»Meine Augen ...«, Ps 25,15)
4. Sonntag der Passionszeit – Lätare
(»Freuet euch ...«, Jes 66,10)
5. Sonntag der Passionszeit – Judika
(»Gott, schaffe mir Recht ...«, Ps 43,1)
6. Sonntag der Passionszeit – Palmarum
(Palmsonntag, Joh 12,13)

Karwoche (von *kara* – Klage)
Gründonnerstag (letztes Abendmahl Jesu)
Karfreitag (Kreuzigung Jesu)
Karsamstag (Tag der stillen Trauer)

Osterfest (Fest der Auferstehung Jesu Christi)
Osternacht
Ostermette
Ostersonntag
Ostermontag

Freudenzeit (50 Tage)
1. Sonntag nach Ostern – Quasimodogeniti
(»Wie die neugeborenen Kinder ...«, 1Petr 2,2);
früher »Weißer Sonntag« der Neugetauften
2. Sonntag nach Ostern – Miserikordias Domini
(»Barmherzigkeit des Herrn ...«, Ps 33,5);
der »Sonntag vom guten Hirten« (Joh 10, 11)
3.Sonntag nach Ostern – Jubilate
(»Jauchzet ...«, Ps 66, 1)
4. Sonntag nach Ostern – Kantate
(»Singet ...«, Ps 98, 1)
5. Sonntag nach Ostern – Rogate
(»Bittet ...«, Joh 16,24)
Christi Himmelfahrt
(40 Tage nach Ostern, Apg 1,1–11)
6. Sonntag nach Ostern – Exaudi
(»Herr, höre ...«, Ps 27,7)

Pfingsten
(der 50. Tag nach Ostern; Fest der Ausgießung des
Heiligen Geistes; Geburtstag der Kirche; Apg 2,1–13)
Pfingstsonntag
Pfingstmontag

Der Trinitatisfestkreis

Trinitatis
(Sonntag nach Pfingsten; Tag der Dreieinigkeit Gottes – Gott Vater, Gott Sohn und Gott Heiliger Geist)
Die Trinitatiszeit umfasst max. 24 Sonntage (je nach Ostertermin). In diese Zeit fallen:

Johannis
(24. Juni – Tag Johannes des Täufers)
Peter und Paul
(29. Juni – Tag der Apostel Petrus und Paulus)
Israelsonntag
(10. Sonntag nach Trinitatis)
Michaelis
(29. September – Tag des Erzengels Michael)
Entedankfest
(Sonntag nach Michaelis)
Reformationsfest
(31. Oktober – Gedenktag an den Thesenanschlag Martin Luthers am 31. Oktober 1517 in Wittenberg)
Gedenktag der Heiligen
(1. November)
Buß- und Bettag
(Mittwoch vor dem letzten Sonntag des Kirchenjahres)
Ewigkeits- oder Totensonntag
(letzter Sonntag des Kirchenjahres)

DIE LITURGISCHEN FARBEN

Weiß als Symbol des Lichtes an allen Christusfesttagen (Weihnachten, Epiphanias, Gründonnerstag, Ostern und österliche Freudenzeit bis einschließlich Exaudi), am Ewigkeitssonntag und am Johannis- und Michaelistag

Violett als Symbol der Buße und der ernsten Bereitung vor den hohen Festen im Advent, in der Passionszeit und am Buß- und Bettag

Rot als Symbol des Pfingstfeuers und der durch das Blut der Märtyrer ausgebreiteten Kirche zu Pfingsten, Trinitatis, am Reformationstag, an den Apostelfesten, zur Konfirmation und am Gedenktage der Kirchweihe

Grün als Symbol der aufgehenden Saat in der Epiphanias-, Vorfasten- und Trinitatiszeit, zum Erntedankfest

Schwarz als Symbol der Klage und Trauer am Karfreitag und Karsamstag